100년을 울린
겔릭호의 고동소리

100년을 울린
겔릭호의 고동소리

미주 한인 이민사 100년의 사진기록

기획 재외동포재단   글 성석제 · 손석춘 · 오정희 · 은희경

현실문화연구

차
례

미주 한인 이민사 100년,
그 한국사의 잃어버린 고리를 찾아서

1902년 12월, 나라의 은혜 한 번 받아보지 못한 대한제국의 백성들이 '이양선'에 올라 '미리견의 포와도'로 떠난 뒤로부터 한 세기가 훌쩍 넘었다. 하지만 아직도 우리는 미주 이민사에 대해 아는 것도, 또 알려고 하는 관심도 없는 듯이 보인다. 그동안 미주 이민사가 현지 교민들을 중심으로 나라 밖에서 연구되어 왔을 뿐, 우리들의 손에 의해 이루어진 게 거의 없는 것이 그 방증일 것이다. 나라 안의 후세들은 '미국 비자'네 '원정출산'이네 하며 오로지 이 나라를 벗어날 수 있는 '아메리카행 티켓'에만 열을 올릴 뿐 100여 년 전, 그 '가까운 옛날'에 태평양을 건너 '미국 땅 하와이'로 향한 사람들의 이후 삶에 대해서는 남의 일로 치부해 버린다.

미주 한인 이민사의 의미는 매우 각별하다. 미주 한인들이 살아온 여정은 굴곡진 우리 근현대사의 궤적과 정확하게 맞물려 있는 '살아 있는 한국사'기 때문이다. 국적은 미국이지만 미주 한인들은 고국의 소식에 희로애락을 같이한, 나라 밖의 '한국인'이었다.

사실 미주 한인 이민사는 응당 미국사의 일부로 대접을 받아야 하지만, 미국사에서 그들의 기록을 찾기란 쉽지 않다. 그일은 '어쩌면' 이해할 만한 것일지도 모른다고 하더라도, 우리의 역사에 그들의 삶이 누락되는 것은 분명 이해할 수 없는 일이다. 우리의 부모, 형제자매, 이웃의 이야기인 미주 한인의 발자취는 우리의 역사에 반드시 채워져야 할, 그러나 아직은 '잃어버린 고리'라 할 수 있다.

우리가 미주 이민을 시작하게 된 것은 대한제국기에 민영환이 이민정책을 적극 펼쳤기 때문에 가능했다. 사실 그는 원래 이주자나 유민을 탐탁하게 보는 사람이 아니었다. 하지만 니콜라이 러시아 황제 대관식에 참석한 뒤 시베리아를 횡단해 귀국하는 길에 한인 이주자들을 만나보게 되면서, 그는 이민에 대한 생각을 근본적으로 바꾸게 된다. 그 전까지는 이주자를 조국을 떠난 사람으로 인식하고 있었던 그였다. 하지만 귀국 후 그는 이민사업을 적극적으로 펼치기 위해 당시 이민사업을 관장했던 수민원의 총재를 맡는다. 그는 한국인들이 억압적인 국내상황을 벗어나서 해외에서 크게 성공할 수 있음을 인정하지 않을 수 없었고, 외교적인 효과도 간파했던 것이다.

포와도, 그러니까 하와이 이민의 시작도 그랬다. 1902년까지 몇 해 동안 계속되어 온 극심한 기근과 흉년, 전염병 창궐 등의 국내사정은 고종 황제를 비롯한 조정으로 하여금 이민을 적극 장려할 수밖에 없게 만들었다. 굶주린 백성 역시 먹고살 길이 필요했다. 일본이나 러시아를 견제하기 위해 미국을 우방으로 만들어야 하는 정치적 동기도 작용했을 것이다. 다른 한편, 여성들은 당시 조선의 봉건체제에서는 가능하지 않았던 배움의 기회를 해외에서 찾고자 하기도 했다. 여기에 노동집약 농업인 하와이의 사탕수수 농업에 '값싸고 성실하고 말 잘 듣는' 노동력이 필요해진 나라 외적인 배경이 보태졌다. 그렇게 나라를 떠난 한인들이 흘린 눈물과 땀은 낯설디 낯선 땅을 오늘날의 '희망의 땅'으로 바꾸어놓았다.

이처럼 미주 이민사는 단순한 거주 이전의 역사가 아니라 개화기의 시대상황과 조선에 대한 일본 및 열강들의 정책, 당시 및 그 이후의 한미관계, 그리고 무엇보다도 재외동포인 미주 한인들의 생활사를 들여다볼 수 있는 총체적인 한국사라 하겠다. 미주 한인들의 역사가 누락된 우리의 역사는 불완전하고 왜곡된 역사일 수밖에 없다. 그들의 역사를 통해서 우리 자신을 비추어 볼 때만이 우리 근현대사의 제대로 된 모습이 보일 것이다.

그동안 미주 한인들은 누구도 관심을 기울여주지 않는 자신들의 삶을 기록하기 위해 온갖 노력을 마다하지 않았다. 일찍이 미주 이민 50주년을 기념해서 미주 이민사를 정리하는가 하면, 90주년을 기념해서, 그리고 100주년을 기념해서 하와이와 미국 본토, 뿐만 아니라 남미의 이민사까지 포괄하는 방대한 작업들을 일구어냈다. 이를 위해 그들은 산발적으로 흩어져 있는 자료들을 샅샅이 뒤지고 묻혀 있는 흔적들을 발굴해 왔다. 이제 더 늦기 전에, 그들의 역사 기록에 국내의 우리가 나서야 할 때다.

아마도 국내에서 미주 이민사를 사진자료로 엮어 보기는 최초의 시도인 것으로 안다. 그나마 이런 작업이 가능할 수 있었던 것도 미주 한인들이 그간 공들여 축적하고 정리해 둔 연구성과 덕분이다. 자칫 그냥 묻혀 버리고 말 수도 있었을 소중한 역사를 기록해 둔 그들의 노고에 경의를 표하지 않을 수 없다. 특히 그동안 이 자료들을 수집하기 위해 각고의 노력을 기울여 온 하와이대의 이덕희 선생님, 평생을 한인 이주자들의 자취를 기록하는 일에 전념해 온 로베르타 장 선생님, 그리고 민병용 선생님, 크리스천 헤럴드의 이선주 목사님께서는 이 사진집 출간과 관련된 거의 모든 자료를 제공해 주셨다. 진심으로 감사를 드린다. 또한《사진으로 보는 미주 한인이민 100년사》,《그들의 발자취》,《태평양을 가로지른 무지개》,《The Koreans in Hawai'i》등의 선행작업이 없었다면, 이 사진집 발간은 불가능했을 것이다. 선행작업자 여러분께 감사를 드린다. 그리고 무엇보다도 이 모든 역사 기록을 온몸으로 만들어오신 미주 한인 이민자분들께 진심으로 경의를 표한다.

이 사진자료집 출간이, 국내에서 미주 이민사에 많은 관심이 쏟아지고 폭넓은 연구가 이루어지는 기폭제가 되어준다면 미주 한인 이민자들의 '피와 땀'에 조금이나마 보답이 될 것이다.

《100년을 울린 겔릭호의 고동소리》기획편집자

조선을 떠나는 사람들

1

조선과 미국의 수교
하와이라는 낯선 땅
어떤 사람들이었나
선구자들

조선과 미국의 수교

한국에서 근대적 형태의 이민은 1902년 대한제국 정부부처 내에 설치된 우리나라 최초의 '이민 및 해외여행사무 전담 기구'인 수민원(綏民院)을 통한 미국 하와이와 멕시코 이민으로 시작되었다.

1901년을 전후해 관서지방에 가뭄과 홍수 등으로 인한 식량난과 전염병의 창궐로 살기가 어려워진 많은 사람들이 먹을 것과 일거리를 찾아 경성·제물포·원산 등지의 대도시로, 또는 시베리아·만주 등지로 유랑하거나 월경하는 일이 많아졌다.

바로 이 무렵 한반도 곳곳에 알렌(Horace N. Allen) 주한미국공사가 추진한 미국 이민 공고가 나붙기 시작했다. 설탕 수요의 급증으로 원주민 노동력만으로는 농장 경영이 힘들어지자, 하와이 농장주들은 1850년대부터 중국인과 일본인 등을 먼저 사탕수수 농장에 끌어들이게 되는데, 이들이 고된 농장일에 제대로 적응하지 못하고, 노동쟁의 등의 '소란'을 일으키게 되면서 새로운 노동력이 필요해진 것이다.

요컨대, 한인의 하와이 이민 시작에는 당시 입에 풀칠하기조차 어려웠던 국내의 생활고와, 노동집약적인 하와이의 사탕수수 농업에 '값싸고 성실하고 말 잘 듣는' 노동력이 필요해진 나라 바깥의 사정이 있었다.

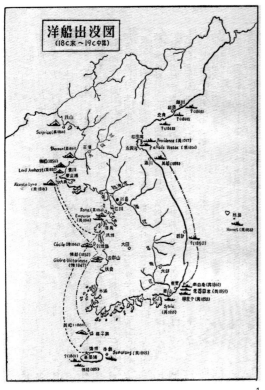

1

1. **이양선 출몰도** : 18세기 말부터 19세기 중반까지 조선의 3면 바다에 걸친 이양선의 출몰 지도.

2. **기함 콜로라도호** : 조선 원정에 동원된 미국의 아시아 함대 기함 콜로라도 (Colorado)호.(1871년)

3. **조선의 범선** : 신미양요 당시 미국과 맞서 싸운 조선의 범선.(1871년)

2

3

1

2

3

4

조선을 떠나는 사람들

5

1. **19세기 개항기의 제물포 모습.**

2. **초지진 상륙 :** 콜로라도호의 미국 해병
   대가 야포를 끌며 강화도의 초지진(草芝
   鎭)을 상륙하는 장면.

3. **초지진을 점령한 미국의 병사들.**

4. **강화도 상륙작전 :** 미국의 해군제독 존
   로저스(John Rodgers)가 콜로라도호에
   서 강화도 상륙작전 계획을 주재하고 있
   는 모습.(1871년)

5. **콜로라도호의 미군 :** 신미양요 당시 콜
   로라도호의 미국 군인들.(1871년)

6. **콜로라도호 선상의 조선인 :** 신미양요
   당시 콜로라도호를 방문한 조선인이 담
   뱃대를 쥔 채 맥주병을 한 아름 안고 있
   는 모습.(1871년)

6

1

3

4

2

5

6

1. **조선의 구식 군인** : 1895년에서 1900년 사이 조선의 구식 군인들의 모습.(UC리버사이드 소장)

2. **대한제국 관련 기사** : 1907년 〈The Illustrated London News〉에 실린 대한제국 관련 기사.

3. **한미수교문서** : 1882년에 대한제국과 미국 간에 맺은 수교 문서.

4. **고종의 정치외교고문 오언 데니(Owen Denny)의 저택.**(1886년)

5. **대한제국 공사관** : 대한제국이 미국과 수교한 후 워싱턴에 세운 대한제국 공사관.

6. **보빙사 일행** : 미국과 수교 후 미국 주재 조선공사 파견이 이루어지기 전인 1883년 미국으로 파견되었던 보빙사(報聘使) 일행. 앞줄 왼쪽부터 퍼시벌 로웰(미국인), 홍영식, 민영익, 서광범, 오례당(중국인), 뒷줄 왼쪽부터 현흥택, 미야오카(일본인), 유길준, 최경석, 고영철, 변수.

7. **보빙사의 아더 미국 대통령 접견** : 보빙사 일행이 미국의 체스터 아더(Chester Arthur) 대통령을 접견하는 모습의 그림이 실린 〈Frank Leslie's Illustrated Newspaper〉.(1883년)

FRANK LESLIE'S
ILLUSTRATED
NEWSPAPER

7

하와이라는 낯선 땅

1902년 12월 22일 121명으로 구성된 최초의 조선인 미주 이민단 제1진이 일본 배 겐카이마루(玄海丸)를 타고 제물포항을 떠났다. 이들은 중간 경유지인 일본에서 신체검사를 받았는데, 신체검사를 통과한 한인 101명(어떤 자료는 102명)은 12월 29일 일본 나가사키(長崎)에서 미국 배 S.S. 겔릭(Gaelic)호를 타고 이듬해인 1903년 1월 13일 하와이 호놀룰루에 도착하게 된다.

밝아오는 새해를 바다 위 배에서 맞은 이들은 하와이에 도착하자 다시 검역관에게 신체검사를 받았는데, 안질이 있던 15명이 상륙 허가를 받지 못해 돌아가고 86명(남자 48명, 여자 16명, 어린이 22명)만이 호놀룰루 땅을 밟게 되었다.

이들은 대한제국 수민원 총재 정일품 민영환이 발행한 집조(執照: 여권)를 소지하고 있었다. 바로, 이들이 대한제국 정부가 최초로 공식 인정한 해외 집단이민자였다.

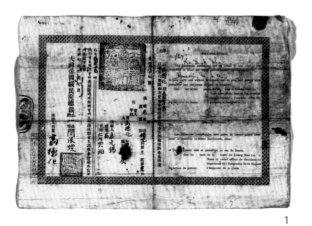

1

2

3

1. **여권** : 1903년(광무 7년)에 발행된 하와이 이민자 고덕화의 여권.(Dr. Samuel S. Lee 소장 / 민병용 제공)

2. **민영환** : 이민업무를 총괄하던 수민원의 총재 민영환.(1905년)

3. **하와이 이민고시 광고** : 하와이 이민감독의 하와이 이민 모집 광고.(1902년, 독립기념관 소장)

4. **제물포 부두** : 바다 위에 외국 상선이 정박하고 있고, 부둣가에서는 하역작업이 벌어지고 있다.(1903년)

4

1. **이민선 겔릭호 :** 초기 이민자들이 1903년 하와이에 첫 도착을 할 때 타고 온 첫 이민선 S.S. 겔릭호.(1903년, 로베르타 장, 오성진 소장)

2. **이민선 몽골리아호 :** 초기 이민자들이 하와이에 이민을 갈 때 타고 간 또 다른 이민선 S.S. 몽골리아(Mongolia)호.(로베르타 장, 오성진 소장)

3. **통역관 :** 하와이 사탕수수 농장의 통역관 이순기(중앙에 서 있는 사람)와 한국인 노동자들.(1903년, LA 중앙도서관 소장)

4. **새 이민자 환영 :** 하와이에 먼저 도착한 초기 이민자들이 새 이민선이 들어올 때 부두에 나가서 환영을 하고 있는 모습.(1904년, 이덕희 제공)

5. **이민자 철도역 :** 초기 이민자들이 처음 도착한 히와이 와이파후 철도역사 전경. 이곳에서 한인 이민자들은 하와이의 여러 농장으로 분산, 배치되었다.(1900년경, Bishop Museum 소장)

4

5

어떤 사람들이었나

초기 하와이 이민은 1903년 1월 13일 최초의 이민선 겔릭호가 호놀룰루에 도착한 뒤부터 1905년 7월 일본에 의한 '해외이민금지령'으로 이민이 중단되는 1905년까지 계속된다.

한 자료에 따르면, 1903년부터 1905년까지 이민 행렬은 남자 6,048명, 여자 637명, 어린이 541명 등으로 총 7,226명에 이르렀다. 사탕수수 농장에 취업하러 태평양을 건넌 이들 중 농부는 1/7에 지나지 않았고, 대부분은 막노동자들이었다. 교육을 제대로 받지 못한 사람 또한 2/3가량이나 되었다. 최초 이민자들은 기독교 교인, 목회자, 유학생, 향리의 선비, 광부, 군인, 농촌의 머슴, 역부, 건달 등 다양한 계층으로 구성되었는데, 기독교 교인이 가장 많았다.

이민 초기에 기독교 교인들이 많았던 이유는 하와이 사탕수수 이민자 모집에 지원하는 사람들이 없자 인천의 용동교회(현 내리 감리교회)의 담임목사인 선교사 조지 히버 존스(George Heber Jones, 한국명 조원시)가 '이민 전도사' 역을 맡아 교회 신자와 그 친지 및 이웃들에게 하와이 이민을 적극 설득했기 때문이다.

1

1. **이민 가족** : 첫 번째 이민선 겔릭호를 타고 하와이 땅에 도착한 김이제 목사 가족.(1903년, 민병용 소장 / 로베르타 장 제공)

2. **내리교회 신자들** : 첫 이민선 겔릭호에는 인천 내리교회 신자 50여 명이 승선했다. 이민 광고에도 불구하고 지원자가 많지 않자 당시 이 교회 선교사인 조지 히버 존스가 하와이 이민을 권유했기 때문이다.(1902년)

"하와이 사정을 방방곡곡에 널리 선전도하며, 각 시, 군과 항구에 이민을 광고하였다. 많은 사람들이 반신반의하며 응모하는 수가 적었다. 이때에 인천항 용동의 기독교 교회당(내리교회) 목사 미국인 조원시가 하와이의 형편과 참 사정을 신도들에게 설명하여 알렸더니 교인 남녀 50여 명이 이민 가기를 지원하고 나섰다." 현순, 《포와유람기》(1909), p.5. (*'포와'는 '하와이'의 한문 표기다)

3. **하와이로 이주해 정착한 어머니와 아이들**.(1905~10년경, Bishop Museum 소장 / 이덕희 제공)

2

3

1

2

3

1. **3대 이민 가족** : 1903년 5월 이민선 몽골리아호를 타고 3대의 가족이 하와이에 도착한 이용수 할아버지 가족.(1916년, Sarah Lee 소장 / 이덕희 제공)

2. **김치원 가족** : 김치원은 두 살 난 큰딸을 데리고 첫 이민선 겔릭호를 타고 하와이로 이주해 와서 대가족이 되었다.(연도 미상, Dr. Jackie Young 소장 / 이덕희 제공)

3. **존스 목사의 하와이 방문** : 이민 간 내리교회 교인들을 방문하기 위해 1906년 하와이에 들른 조지 히버 존스 목사. 첫 번째 이민단의 많은 사람들이, 존스가 담임목사로 있던 제물포(인천)의 내리교회 출신들이었다.(1906년, Xander Cintron-Chai Album / 로베르타 장 제공)

1

2

1. **초기 이민자 박덕순** : 박덕순은 부인과 아이 셋을 데리고 1904년에 하와이로 이주했다. 감리교 선교부에 의해 하와이 한인 사탕수수 노동자에게 요리를 해주기 위해 보내진 그는 하와이에서 최초의 한인 식당을 열었다.(1918년경, Xander Cintron-Chai Album / 로베르타 장 제공)

2. **대한부인구제회의 황마리아** : 황마리아는 여러 첩을 거느리고 있는 부유한 남편을 피해 세 아이와 함께 하와이로 이주했다. 그녀는 농장의 어린이들을 가르친 초기 교육자의 한 사람으로, 이후 1913년에 대한인부인회(1919년에 대한부인구제회로 개명)를 창설, 회장을 역임했다.(1919년경, 오성진 소장 / 로베르타 장 제공)

3. **유동민 가족** : 유동민이 1903년에 하와이로 이주할 결심을 하게 된 것은 차남인 자신에게 아무런 상속이 주어지지 않는 조선의 관례 때문이었다. 그는 하와이로 이주해 누아누에서 화훼농가를 운영했다. 경제적으로 일찍 성공해 두 아들을 푸아누학교에 보낸 최초의 한인이기도 했다.(1924년경, E. Wonsik You Album / 로베르타 장 제공)

3

1

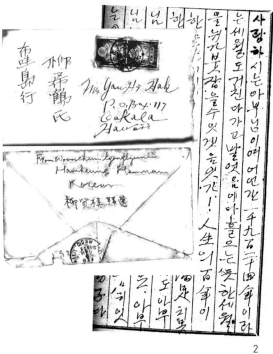

2

3

4

1. **초기 이민자 박종수 가족 :** 박종수는 부
   인과 처제, 세 아이들과 함께 하와이로
   이주했다. 그는 하와이로 오기 전에는 가
   톨릭 신자였으나, 하와이에 와서는 감리
   교단이 그에게 설교자 임무를 부여해 감
   리교 신자가 되었다. 그가 어디에서 일을
   하든지 간에 그는 학식 있는 사람, 지도
   자로 여겨졌기 때문이다. 그는 나중에 박
   용만 군단의 2인자가 된다.(1910년경, 로베
   르타 장 소장)

2. **편지 :** 한국에 있는 아들이 하와이에 있는
   아버지한테 보낸 편지로, '사랑하시는 아
   부님이여'로 시작되고 있다.(1925년, 로베
   르타 장 제공)

3. **류석화 가족 :** 류석화는 소를 팔러 장에
   나갔다가 하와이 이민 모집 광고를 보고
   가족에게 알리지도 않고 그 길로 이민선
   을 탔다. 몇 년 후 그는 부인을 하와이로
   오게 했고, 하와이의 빅아일랜드에 정착
   한 뒤 커피를 재배했다.(1914년경, Marion
   Lyu Kim Album / 로베르타 장 제공)

4. **모녀 :** 도라 김 문은 감리교의 후원을 받
   아 딸과 함께 하와이로 이주했다. 하와이
   에서 두 모녀는 선교하는 일에 평생을
   바쳤다.(1915년경, 민병용 소장 / 로베르타 장
   제공)

1882년 조미수호통상조약 체결 후 1년이 지난 1883년에 조선 역사상 최초로 미국에 '보빙사(報聘使)'라는 사절단이 파견되었다. 보빙사 파견은 조미수호통상조약의 체결로 조-미 간 국교가 수교되어 미국의 공사가 조선에 들어오게 되자 이에 대한 답례 형식으로 이루어졌다.

보빙사 사절단 중 유길준은 미국에 남아 있으면서 우리나라 최초의 미국 유학생이 되었다. 이후 그는 갑신정변이 실패했다는 소식을 접하고 1885년 12월에 조선으로 귀국하게 된다. 역시 보빙사 사절단이었던 변수는 1887년 미국 메릴랜드주립농과대학에 유학해 1891년 졸업함으로써 한국인 최초의 미국 대학 졸업자가 된다.

서광범, 박영효, 서재필 등은 갑신정변을 일으켰다가 실패로 돌아가자 1885년 미국으로 망명했다. 서재필은 1890년 6월 미국인으로 귀화해 시민권을 얻었으며, 의과대학을 졸업하고 1893년에는 의사 면허를 취득했다. 이후 유학생 신분으로 윤치호, 김규식, 의화군 등이 도미했다. 하란사(河蘭史, '란사'는 Nancy의 음역)는 자비로 유학한 첫 한국 학생이자 한국 여성으로서는 최초로 미국에서 학사학위(문학사, 1906년)를 받은 것으로 알려져 있다. 1894년 미국으로 유학을 떠난 박에스터는 1896년 볼티모어여자의과대학에 입학해 4년 뒤 한국 최초의 여의사가 되었다.

1902년부터는 안창호·이혜련 부부, 이대위, 이승만, 박용만, 신승우, 백일규, 리무화. 정한경, 강영승, 강영대, 차리석, 송헌주, 임정구, 양주삼 등의 미국행이 이어졌다. 1894년부터 1910년 한일병합이 될 때까지 대한제국의 집조(여권)를 가지고 미국으로 건너간 한인 유학생은 60명 정도가 된다. 박정양은 1887년 주미전권공사(駐美全權公使)로 임명되어 미국에 파견되었으나 청의 압력으로 1889년에 소환되었다.

한편, 사탕수수 노동자들보다도 한 발 먼저 미국에 발을 들여놓아 재미 한인 상공인의 효시가 된, 조선의 인삼장수들이 있었다.

1900년 초 샌프란시스코에는 25명가량의 한인들이 살았는데, 이들은 대개가 인삼장수 출신이었다. 이들은 중국인으로 가장해 중국 여권을 소지하고 직업칸에 'Ginseng Seller', 'Drugist'라고 쓰고는 미국으로 건너가 중국인이 많은 샌프란시스코 등지에서 중국인 등을 상대로 인삼을 판매했다. 이들은 자신들의 인삼이 고려인삼이라는 것을 선전하기 위해 짚신을 신고 조선 옷을 입고 상투를 튼 모양으로 인삼을 파는 장사 수완을 부렸다.

1. **유길준** : 보빙사 사절단으로 갔다가 미국에 체류하면서 우리나라 최초의 미국 유학생이 되었다.

2. **윤치호** : 1888년 미국으로 건너가 밴더빌트대학에서 신학과 영어를 수학하고, 이후 에모리대학에서도 수학했다.

3. **서재필** : 갑신정변이 실패한 이후 미국으로 건너가 의과대학을 졸업하고 의사 면허를 획득했다.

4. **서광범** : 갑신정변 실패 후 미국으로 망명, 미국시민권을 획득했다.

5. **박영효** : 갑신정변 실패 후 일본을 거쳐 1885년에 미국으로 도미했다.

6. **이승만** : 독립협회의 간부로 활동하다가 투옥되어 사형선고를 받았으나 민영환의 주선으로 석방되어 1904년 말에 미국으로 건너갔다. 앞줄 왼쪽부터 이승만, 장흥범, 신흥우.

1. **의친왕 이강** : 1900년 미국으로 유학한 의친왕 이강(앞줄 가운데). 뒷줄에 김규식이 보인다.

2. **박에스터** : 1894년 미국으로 유학을 떠나 볼티모어여자의과대학을 졸업, 한국인 최초의 여자 의사가 되었다.

3. **하란사** : 1900년 미국으로 유학, 웨슬리대학에서 한국 여성으로는 최초로 미국에서 문학학사를 받았다.

4. **안창호** : 유학차 1902년 샌프란시스코에 도착한 뒤 교포들의 권익 향상과 교육, 독립운동을 전개했다.

5. **김경복** : 어부였던 김경복은 1901년에 이민선인 몽골리아호를 타고 하와이로 건너갔다. 하와이에서도 어부로 일했다. 1913년 서른다섯의 나이에 열일곱의 사진신부와 결혼했다.(1928년경, Dorothy Kim Rudie Album / 로베르타 장 제공)

6. **양주은** : 미주 한인 이민사에서 전설적인 인물로 통한 양주은은 1900년 이전에 하와이에 잠시 머무른 다음, 샌프란시스코로 건너가 인삼 장사를 했다. 그곳에서 독립운동가를 비롯해서 어려움에 처한 많은 한국인들을 도와주었다.(1900년경, Soon Kyung Hong and Mabel Paik Meu Album / 로베르타 장 제공)

5

6

사탕수수 농장에서
개척한 새로운 삶

2

뙤약볕 밑의 고된 일과
이민 초기의 한인사회
애국하는 마음의 자녀 교육
사진신부

뙤약볕 밑의 고된 일과

"미리견(彌利堅: 미국)이라는 나라에 가면 사탕수수 농장이 많은 포와도(하와이)라는 섬이 있다더라", "그곳에 가면 돈나무가 있다더라", ……. 험한 바다 위 배에서 새해를 맞으며 덕담으로 서로에게 주고받았을 말들.

태평양 너머 이역만리 타향의 길을 택한 사람들을 제일 먼저 맞아주었던 것은 등짝을 태워버릴 것만 같은 '신천지' 하와이의 강한 햇빛이었다. 아열대의 뙤약볕은 사탕수수를 위한 것이었지 봄, 여름, 가을, 겨울에 익숙한 한인들을 비춰주는 것은 아니었다. 사람들 키보다 훨씬 높게 자라 있는 사탕수수 역시, 익을 수록 고개를 숙이는 벼를 보아왔던 사람들에게는 위압스럽기만 했다. 살아보지 않고도 사람들은 이곳에서 먹고사는 일 역시 팍팍할 것이라는 걸 직감했다. 그들은 이곳에서의 삶 또한 '살아가는' 게 아니라 '살아내야' 한다는 걸 본능적으로 알아차렸다.

하지만 한인들은 면도날처럼 날카로운 사탕수수 잎에 손·발·얼굴 등 온몸을 베이면서도, 사탕수수보다 더 빨리, 그리고 사탕수수보다 더 깊게 하와이에 뿌리내리기 시작했다. 민들레 꽃씨처럼 흘러든 이들의 생명력은 먼저 와 정착해 있던 중국인과 일본인 등 33개 다른 이민 민족들보다도 훨씬 질기고 강했다.

시름 겹고 신난한 삶이 계속되고 있을 때 조국에서 건너온 '사진신부'들은 한인들의 삶에 새로운 활기를 불어넣었다. 가정을 꾸린 사진신부들은 사탕수수 농장에서 하루라도 빨리 벗어나 자립하는 삶을 찾으려고 노력하는 한편, 일본에 뺏긴 나라를 다시 찾기 위해 자식들을 가르치고 독립기금을 모으는 일을 게을리하지 않았다.

초기 하와이 이민자들, 사탕수수 농장에서 일했던 한인들 개인이 흘린 눈물과 땀방울은 겨레의 눈물과 땀방울이 되어 '나라 밖에서는' 조국을 되찾는 한편, 미국 내에서는 '유형(流刑)의 땅'을 '희망의 땅'으로 바꾸어놓았다.

1

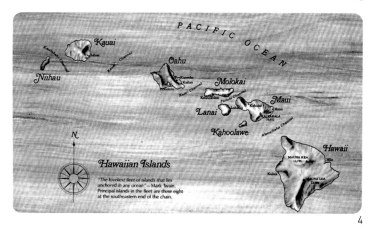

1-3. **사탕수수밭 농장** : 하와이의 사탕수수 밭에서 일하는 초기 한인 이민 노동자들은 하루 10시간 이상의 중노동을 하면서 이민생활을 개척해 나갔다.(민병용 제공)

4. **하와이 지도** : 하와이로 이민 온 한국인 노동자들은 각지로 흩어져 낯선 이민생활에 적응해 나가기 시작했다.

1

2

3

사탕수수 농장에서 개척한 새로운 삶

4

1-2. 사탕수수밭 농장에서의 휴식 : 초기 이민 노동자들이 하루 10시간 이상의 중 노동을 하는 일과 중에 막간을 이용해 쉬고 있다.(이덕희 제공)

3. 오렌지 노동자 : 유학차 미국 캘리포니아 로 간 도산 안창호는 리버사이드의 오렌 지 농장에서 한인 노동자들과 함께 노동 하면서 한인 노동자들의 권익 향상과 교 육에 힘썼으며, 독립운동을 위한 흥사단 창단을 준비했다.(1900년)

4. 파인애플 농장 : 하와이의 파인애플 농장 에서 일하는 초기 한인 이민 노동자.(연도 미상, 최용호 소장 / 이덕희 제공)

5. 파인애플 농장 : 초기 이민자인 이원순이 하와이의 파인애플 농장에서 일하는 모 습.(1915년, 민병용 소장 / 이덕희 제공)

5

1

2

3

4

1. **카네이션 농장 가족 :** 최춘예는 1904년 부인과 다섯 아이들을 데리고 이민왔으나 부인과 막내가 관개수로에서 익사하고 말았다. 그후 사진신부와 결혼하고 일찌감치 사탕수수 농장을 벗어나, 땅을 빌려 카네이션 농장을 시작했다.(1910년경, 김영내 소장 / 로베르타 장 제공)

2. **파인애플 농장의 국민군단 병사 :** 파인애플 농사를 짓기 위해 박용만과 국민군단 병사들이 땅을 개간하는 모습.(1914년경, 독립기념관 소장)

3. **사탕수수 농장 부락 전경 :** 초기 한인 이민 노동자들이 거처했던 하와이의 에바 농장 부락의 모습.(1910년, 강영옥 소장 / 이덕희 제공)

4. **이민 노동자 숙소 :** 두 가족이 거주하는 에바농장의 이민 노동자 숙소.(1906년, 강영옥 소장 / 이덕희 제공)

1

2

3

1. **생활도구 :** 이민 초기 한인 노동자들의
   생활도구.(Korea Times 소장 / 이덕희 제공)

2. **신분증 :** 하와이의 사탕수수 농장에서 초
   기 계약 노동자들의 신분증의 일종인
   '방고'. 한인 노동자들은 방고에 새겨진
   번호로 분류되었다. 민족에 따라 방고의
   모양이 달랐다.(이덕희 제공)

3. **부인과 아이 :** 에바농장의 숙소 앞에 앉
   아 있는 한인 사탕수수 노동자들의 부인
   과 아이들.(연도 미상, 최용호 소장 / 이덕희
   제공)

4. **빨래터 :** 사탕수수 노동자들의 옷가지를
   빨래터에서 빨고 있는 부인의 모습.(1924
   년경, 하와이의 Methodist Episcopal
   Church 소장 / 이덕희 제공)

4

1

2

사탕수수 농장에서 개척한 새로운 삶

3

4

1. **공동빨래터** : 에바농장 마을의 공동빨래
   터에서 빨래하고 있는 한인 노동자의 부
   인.(1908년, 김윤옥 소장 / 로베르타 장 제공)

2. **파업** : 하와이의 와이파후에서 사탕수수
   노동자들의 파업을 방해하고 있는 모습.
   여기에 한인 노동자들도 포함되어 있었
   다.(1909년경, 로베르타 장 소장)

3. **결혼식 피로연** : 하와이의 힐로 인근에
   있는 오노메아 사탕수수 농장에서 열린
   오장익의 결혼식 피로연 장면.(1923년, 로
   베르타 장 소장)

4. **묘비** : 에바 공동묘지에 있는 남양군 내
   하면 출생의 하와이 초기 이민자 김정의
   (1880~1906)의 묘.(이장진 소장 / 이덕희
   제공)

이민 초기의 한인사회

낯선 이국 땅에서의 힘든 노동과 삶도 이민자들의 꿈을 좌절시키지는 못했다. 오히려 이민사회를 힘들게 한 것은 외로움이었다. 그중, 혼기를 훌쩍 넘기고 있으면서도 한국 여성만을 고집해 결혼을 하지 못하고 있는 노총각들의 결혼 문제는 초기 이민자들의 정착을 어렵게 하는 가장 큰 문제 가운데 하나였다.

하지만 1910년부터 1924년까지 '사진결혼'이라는 새로운 결혼제도로 노총각이 다 된 남성 노동자들이 가정을 꾸릴 수 있게 되면서 본격적으로 공동체로서의 초기 한인 이주사회가 형성되기 시작했다. 사진결혼으로 가정을 꾸민 한국 여성들은 개척자처럼 강인했다. 사진신부들은 무엇보다도 자녀 교육을 자신의 생명처럼 알았고, 독립운동에도 남성과 똑같이 적극적으로 나섰다. 초기 여성단체를 통해서 한인사회에 우뚝 선 이들은 '미주 초기 이민의 어머니'라 불린다.

1920년대 이후 한인사회는 하와이 사탕수수 노동자, 사진신부, 기독교 학생들이 주류를 이루었다. 고난과 차별 그리고 힘든 노동의 고된 세월 속에서, 한인들은 조국의 독립과 자녀 교육을 삶의 목표로 삼았다. 두고 온 고국에 독립의 날이 언제나 찾아들지 알지 못했지만, 그 어느 누구도 조국 독립의 희망을 잃지 않았다. 초기 이민자들은 하와이와 중가주에서는 노동과 농사, L.A.와 시카고 · 뉴욕에서는 채소상이나 식당업 등의 장사를 하면서 삶의 기반을 점차 넓혀나갔다.

1

2

1. **마우이 가족들** : 하와이의 마우이에 정착한 초기 한인들의 가족들 모습.(연도 미상, Bishop Museum 소장 / 이덕희 제공)

2. **고종 황제 탄신 기념식** : 사탕수수 농장의 고된 일과 속에서도 초기 한인들이 태극기를 걸고 고종 황제의 탄신 축하행사를 갖고 있다.(1907년, 민병용 소장 / 로베르타 장 제공)

3. **미국 태생 2세** : 초기 하와이 이민자들이 미국 땅에서 뿌리를 내린 2세들.(1910년대, 크리스천 헤럴드 제공)

4. **피부는 다르지만** : 하와이이 한 교회에서 한복을 입은 한인 이민자들의 어린이들이 외국인 어린이들과 함께 손을 잡고 있다.(크리스천 헤럴드 제공)

3

4

1

2

3

1. **한인 감리교회** : 1909년 하와이 감리교회 미션연회가 열리는 모습. 다인종 집단이 참여하는 대개의 연례 모임은 한인들의 부락에서 열렸다. 1909년에 한인과 일본인들의 적대감이 최고조에 달했음에도 양 국기가 함께 걸려 있다.(1909년, 민병용 소장 / 로베르타 장 제공)

2. **셔먼 기숙사** : LA에 1904년에 세워진 나성 한인감리교회당과 기숙사. 셔먼 선교사(맨 오른쪽)가 신흥우 등 한국 유학생들에게 영어와 성경을 가르친 곳으로, 나성감리교회의 모체다. 남편 셔먼은 1890년대에 한국에 나가 의료선교사를 했다.(크리스천 헤럴드 제공)

3. **여성과 어린이 교육** : 초기 하와이 이민사회의 여성과 어린이에게 교육을 시켜주던 수산나 웨슬레 홈.(1906년경, 민병용, 강영옥 소장 / 로베르타 장 제공)

4. **최초의 한인 교회** : 하와이의 초기 한인들이 세운 최초의 교회인 에와 한인감리교회.(1905년, 강영옥 소장 / 민병용 제공)

4

1

2

3

1. **사탕수수 농장 파업** : 1920년대의 사탕
   수수 농장의 파업은 이후 엄청난 인구학
   적 변화를 가져왔다. 농장주한테서 쫓겨
   난 사탕수수 노동자들이 호놀룰루에 몰
   렸다.(Bishop Museum 소장 / 로베르타 장
   제공)

2. **파인애플 공장** : 하와이의 파이애플 공장
   (Dole)에서 파인애플을 포장하는 광경.
   일본인 여성들 사이에서 한인 여성이 있
   는 모습이 이채롭다.(1916년, Bishop
   Museum 소장 / 로베르타 장 제공)

3. **한인 최초의 승용차 소유** : 1903년 1월
   겔릭호를 타고 이민 온 이민 1세 김유호.
   한인 최초로 승용차를 소유했다.(이덕희
   제공)

4. **장례식** : 이민 1세인 이용의 장례식이 하
   와이 마우이에서 치러지고 있다.(1925년,
   Bishop Museum 소장 / 이덕희 제공)

4

애국하는 마음의 자녀 교육

초기 하와이 한인 이민자들은 자녀들을 한글학교와 공립학교뿐만 아니라, 어려운 가정 형편 속에서도 학비가 비싼 사립학교에도 보내 교육을 받게 했다.

한국, 중국, 일본 등 아시아계 3대 이민 민족 가운데 하와이 땅에 가장 발을 늦게 들여놓은 한인들이 6년제 정규학교를 가장 먼저 세운 민족이었다고 한다. 초기 한인들의 교육은 기독교를 중심으로 한 종교단체들이 주가 되었다. 특히 '사진신부'였다가 어머니가 된 여성들의 자녀에 대한 교육열은 유독 높았다.

사람들이 먹고살기 힘들면서도 영어뿐 아니라 한글과 역사 등 자녀들을 가르치는 데 최선을 다했던 것은 교육을 지금처럼 자기 자식들만의 입신양명을 위한 것이 아니라 나라를 되찾는 수단으로 생각했기 때문이다.

초기 한인 이민자들의 이러한 교육열은 그들이 마련한 독립기금과 함께 고국의 독립을 앞당기는 데 크게 기여했다. 또한 이러한 부모들의 교육열은 수준 높은 교육의 혜택을 받은 황색 피부의 이주민 후손들을 백인 중심의 여러 미국 사회 분야에 진출하게 만들어, 이후 미국에서 한인사회의 위상을 높이는 가장 결정적인 계기가 되었다.

1

2

3

1. **한인학교 :** 하와이 마우이섬의 한인학교 학생들과 교사.(1907년경, 민병용 소장 / 로베르타 장 제공)

2. **천신화 학교 :** 천신화 농장학교의 교사들과 학생들.(1908년경, Agnes Rho Chun 소장 / 로베르타 장 제공)

3. **윤치호의 하와이 방문 :** 대한제국의 외무 참판이던 윤치호가 1905년 하와이를 방문해 한인감리교회 한국학교 학생들과 자리를 함께했다. 앞줄 오른쪽에서 세 번째가 윤치호다.(1905년, Bishop Museum 소장 / 크리스천 헤럴드 제공)

1

2

3

1. **한인 신흥소학교** : 1911년 3월 카우아이섬 의 골로아 지방에 세워져 한인 이주자 자 녀들에게 국어를 가르쳤다.(연도 미상, 독립 기념관 소장)

2. **노동공립학교** : 하와이 이민자들이 창설 한 카우아이 마카웰리 노동공립학교 학생 들과 교사들.(1907년, 민병용 제공)

3. **진급증서** : 캘리포니아 클레어몬트에 설 립된 대한인유년학교 국어강습소에 다닌 필립 안(안창호의 장남)의 진급증서.(1917 년, 안수산 소장 / 크리스천 헤럴드 제공)

4. **한인학원** : 하와이 호놀룰루에 있던 한인 학원의 학생들과 교사들.(연도 미상, 이덕희 제공)

5. **고등학교** : 밀스학원(고등학교)의 미주 한인 학생들과 교사들.(1909년경, 독립기념 관 소장)

4

5

1

2

3

4

1. **한인기숙학교 :** 하와이 펀치볼 스트리트 한인촌의 한인기숙학교. 1913년 한인중 앙학원으로 개명된 후 학제를 개편, 소학 과, 고등과, 국어과, 한문과를 설치했 다.(1906년, Chris United Methodist Church 소장 / 이덕희 제공)

2. **한인학생양성소 :** 나성한인장로교회와 대 한인국민회가 공동으로 세운 한인학생양 성소 학생들과, 이곳을 방문한 안창호. (1913년, 안수산 소장 / 크리스천 헤럴드 제공)

3. **학교 사감 :** 하와이 여자기독학원의 사감 노디 김과 부모.(1910년경, 민병용 제공)

4. **한인여자학원 :** 이승만이 설립한 하와이 한인여자학원. 이 학교 건물은 하와이 사 탕수수 농장 한인 노동자들이 기금을 모 아 2세 민족교육을 위해 세워졌다.(1915 년, Bishop Museum 소장 / 이덕희 제공)

5. **이승만과 제자들 :** 이승만이 한인여자학 원의 제자 학생들과 함께했다.(1918년경, 이덕희 제공)

5

1

2

1. **기숙사학교 :** 1918년에 이승만이 설립한 남녀공학 한인기독학원의 학생과 교직원. 건물 1층은 교회로 쓰였고, 2층에는 교실, 3층에는 여학생 기숙사가 있었다.(Bishop Museum 소장 / 이덕희 제공)

2. **한인중앙학원 :** 한인중앙학원 첫 졸업생 기념사진.(1912년, 강영옥 소장 / 이덕희 제공)

3. **소년음악대원 :** 중가주(중부 캘리포니아) 다뉴바 소년음악대원들이 3·1절 기념행사에 참가하고 있다.(1920년대, USC 소장 / 크리스천 헤럴드 제공)

4. **한인소년단 :** 1919년 하와이에서 창설된 한인소년단 단원들의 퍼레이드 연습 장면.(1919년, Bishop Museum 소장 / 이덕희 제공)

3

4

사진신부

사진신부(Picture Bride)란 하와이나 본토로 이민 간 총각들이 보낸 사진을 보고 남편 상대를 골라 미주로 시집왔던 신부를 말한다. 사진신부 제1호로 최사라(당시 23세)가 1910년 11월 28일 하와이 호놀룰루에 도착해 하와이국민회 총회장이던 이내수(당시 38세)와 결혼했다.

사진신부와 신랑의 나이 차이가 최사라-이내수의 경우처럼 열다섯 차이 지는 것은 보통이었으며, 많게는 스무 살 넘게 차이 나는 경우도 있었다. 사진신부들은 이러한 사실을 모르는 채 (혹은 속은 채) 태평양을 건너 시집을 왔다. 사진신랑들 대부분이 이민 초창기 때 젊은 시절의 모습이 찍힌 사진을 사진신부에게 보냈기 때문이다.

1910년부터 1924년 5월 15일 '동양인배척법안'이 통과될 때까지 1,000여 명의 사진신부가 이민 간, 사진 속의 제 나라 사람과 결혼하기 위해 하와이로 건너왔다고 한다. 사진신부들은 남성들처럼 낮에는 사탕수수밭에서 노동을 하거나, 미혼 남성들의 옷가지를 세탁하는 일 등의 경제활동을 하면서, 자식 교육에 온 힘을 쏟았다. 뿐만 아니라 여러 여성단체를 꾸려 독립기금을 마련하는 등 조국의 독립을 위해서도 남성들 이상으로 힘썼다. 하와이 이민 제2의 물결이라 할 수 있는 사진신부들이 건너오면서, 한인 이민사회는 한결 더 기틀을 갖추게 되고 번성기를 맞게 된다.

1

1. **한마을 친구 :** 한마을에서 함께 떠난 세 명의 사진신부. 1917년에 하와이에 도착했다. 중앙의 인물이 김차순.(1920년, 이덕희 제공)

2. **호놀룰루에서 헤어지기 직전의 기념사진 :** 하와이 호놀룰루에 도착해서 각자의 짝을 찾아 하와이의 여러 섬으로 흩어지기 직전에 사진을 찍은 사진신부들.(1913년경, Rachel Lee Album / 로베르타 장 제공)

3. **사진신부 :** 사진신부가 하와이의 신랑 후보에게 보낸 사진.(1913년, Rachel Lee Album / 이덕희 제공)

4. **사진신랑 :** 사진신랑이 한국의 신붓감에게 보낸 사진.(1913년, Rachel Lee Album / 이덕희 제공)

2

3

4

1. **사진신부 천연희(가운데)** : 사진결혼을 하기 위해 하와이로 가기 전 고국에서 다른 사진신부들과 함께 포즈를 취했다.(1914년, Yun Hee Given 소장 / 이덕희 제공).

2. **사진신부 정영옥** : 사진신랑을 찾아 1918년 태평양을 건너 미국으로 이민했다.(정영옥 소장 / 이덕희 제공)

3. **샌프란시스코로 이주한 염만석** : 사진신부와 가족을 부양하기 위해 하와이에서 샌프란시스코로 이주한 염만석은 잡화 주류점을 열고 한인으로서는 최초로 임대 부동산을 사들였다.(1918년경, Dora Yum Kim Album / 로베르타 장 제공)

4. **신랑 고덕화와 사진신부 고공덕.**(1910년대, 민병용 제공)

5. **신랑 이덕조와 그의 사진신부의 결혼사진.**(1916년경, Albert Lee Album / 로베르타 장 제공)

6. **안원규와 이정송(사진신부)의 결혼사진.**(1912년경 / 로베르타 장 제공)

4

5

6

1

1. **사진신부 김신라** : 1922년에 하와이에 도착, 김종환과 결혼한 사진신부 김신라는 결혼 후 자기개발을 위해 학업을 계속하기도 했다.(Silla Kim 소장 / 이덕희 제공)

2. **사진신부 이봉애의 '소독권'** : 하와이로 가기 전에 사진신부들은 중간 기점인 일본의 항구에서 신체검사를 받아야 했다.(1911년 11월 10일, Soo Myung Chung Ferrante 소장 / 로베르타 장 제공)

3. **민의경(왼쪽)과 사진신부 양복동의 일본 여권** : 민의경은 신붓감을 구하기 위해 1913년에 조선에 잠시 들어오게 된다.(1922년경, Frank Min Album / 로베르타 장 제공)

4. **사진신부의 결혼증명서.**(이덕희 제공)

3

This Certifies

That on the ___11th___ day
of ___December___ in the
year of our Lord ___1919___
___You Do Bum___
and ___You Bun Cho___
were by me united in

Holy Matrimony

at ___Honolulu, T. H.___
According to the Ordinance of God
and the laws of ___Hawaii___

Witnesses

Y. P. Sehng   Monroe H. Alexander
Gog Song Yoon   Pastor First Methodist
Church.

The Bridal Prayer

They stand alone the newly wed
With chastened voice and
reverent head !
One flesh the twain and one prayer
Ascending from the altar there.

Tender and broken is each word
Upon the sacred stillness heard;
Winged with one faith to
reach the throne
And bring a fathers blessing down

Oh! sweetest hour for human pair,
When love is sanctified by prayer;
And when, in answer from the skies,
God sends again earths Paradise

Rankin.

1

2

4

5

1-3. 사진신부의 자녀들 : 사진신부들이 하와이로 이주하면서 이민 2세들이 한인사회에 본격적으로 등장하기 시작한다. 사진신부들은 농장 일, 세탁 일 등 경제활동을 하면서도 자식 교육에 남다른 열의를 기울였다.(1930년대, 민병용 제공)

4-6. 사진신부의 가족들 : 사진신부들이 건너오면서 하와이의 한인사회는 눈에 띄게 그 기틀을 마련한다.(사진 4. Rachel Lee Album / 로베르타 장 제공, 사진 5. Frank and Elaine Min Album / 로베르타 장 제공, 사진 6. 로베르타 장 소장)

1. **한경선의 가족** : 대한제국의 구한국군이 었던 한경선은 군대에서 지급되는 식량 이나 옷이 거의 없어 군대를 탈출했다 고 한다. 사탕수수 농장 인부 모집에 응 모해 하와이에 왔다가 신붓감을 구하려 고 1916년 조선으로 되돌아가, 신부를 데리고 다시 하와이로 돌아왔다.(1937년 경, John Han Album / 로베르타 장 제공)

2. **목사 민찬호와 몰리 홍, 그들의 자녀들** : 1910년 12월 최초의 사진신부로 호놀룰 루에 발을 디딘 최사라는 민찬호 목사 의 주례하에 이내수와 가정을 꾸리게 된다.(1921년경, Thomas Min Album / 로베 르타 장 제공)

3. **민의경과 사진신부 양복동의 자녀** : 민 의경은 신부를 구하기 위해 1913년에 조선으로 되돌아간다.(1921년경, Frank Min Album / 로베르타 장 제공)

4. **자매 사진신부** : 1924년에 하와이 도착 한 서복덕 자매. 서복덕(오른쪽)은 한인 기독교회와 동지회 발전에 기여했다.(이 덕희 제공)

5. **동갑내기** : 둘이 친구인 이들 사진신부 에게 거의 동갑내기로 보이는 아이들이 있다.(1920년, 천연희 소장 /이덕희 제공)

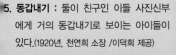

1. **사진신부 심영신과 조문칠의 가족들** : 1916년 사진결혼으로 맺어진 이들은 30여 년 뒤 이민 3대의 대가족을 이루게 된다.(1949년, T. Samuel Lee 소장 / 이덕희 제공)

2. **손녀딸 결혼식 후 한자리에 모인 윤응호와 김도연의 가족들** : 초기 이민자 윤응호와 사진신부 김도연은 1916년 결혼식을 올렸다. 결혼 60년의 모습.(1978년, 캐리 권 소장 / 민병용 제공)

3. **사진신부들의 야유회** : 남편 사진을 들고 하와이로 건너온 사진신부들이 야유회에서 음식을 준비하며 야유회를 즐기고 있다.(1920년대, Mary Kang Album / 로베르타 장 제공)

4. **사진신부들의 고향 뱃놀이** : 부산 출신의 하와이 사진신부들이 고향을 방문해 뱃놀이를 하면서 한때를 보내고 있다.(1933년, 이덕희 제공)

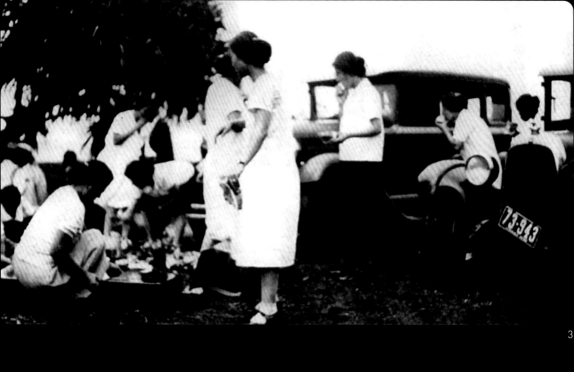

3

4

사진신부 박보배

● 오 정 희

날 밝기 전 잠에서 깨어났다. 신새벽 눈을 뜰 때면 언제나 벽과 천장, 간소한 가구의 모서리가 희미하게 드러나기 시작하는 방 안의 정경은 물론 노인요양원의 한 방을 차지하고 누워 있는 나 자신조차도 낯설어지는 감정에 젖게 마련이다. 어린 시절 낮잠에서 깨어날 때 나를 휩싸던 서러움 비슷한 감정을 맛보는 것까지 여느 때와 똑같다. 잠은 얕고 꿈은 어지럽다. 흐릿하고 종잡을 수 없지만 꿈의 내용은 대개 비슷하다. 어두운 부엌의 물 항아리에 좌르륵좌르륵 물 쏟아 붓는 소리, 밤 깊도록 골목골목을 울리던 다듬이질 소리. 파랗게 어린 쑥이 돋아나는 해토머리에 두 살배기 막냇동생 무영이를 업고 나물 캐던 일, 메주 띄우는 큼큼한 냄새 가득한 방 안에서 등에 이불을 괴고 비스듬히 앉아 계시던 아버지의 깊고 슬픈 눈……. 근자에 들어 꾸는 꿈의 정경이 이곳으로 떠나오기 전 시절의 울 밖을 벗어나지 못하는 것을 보니, 나도 이젠 갈 날이 머지않았나 보다 생각한다.

"보배, 잘 잤어요? 좋아 보이네요. 어젯밤엔 또 무슨 꿈을 꾸었나요?"

평상시처럼 혈압기와 약을 갖고 들어온 간호사 넬리의 함박웃음과 수선스러운 인사말로 아침이 시작된다.

"보배, 오늘은 무엇을 할 건가요?"

"남편의 묘지에 가볼까 해."

"정원에 꽃이 많이 피었는데 그걸 좀 꺾어드릴게요."

문득 떠오른 생각을 내뱉었을 뿐인데 말을 하고 보니 그것도 좋겠단 생각이 들었다. 점심 때쯤 증손녀 제니퍼가 오겠다고 했으니 그 애의 차로 데려다 달라면 될 것이다.

대학에서 문학을 공부하고 있는, 세칭 이민 4세대인 제니퍼는 사탕수수 농장의 노동자로 자원하여 증기선을 타고 스무 날의 항해 끝에 이곳에 온 청년 김윤수와 사진신부 박보배로부터 시작된 집안의 역사를 소설로 쓰기 위해 무엇보다도 나의 이야기가 필요하다고 한다. 지난 세기와 함께 시작된 우리들의 역사가 그 애의 펜 끝에서 어떤 이야기로 기록되고 펼쳐질지 궁금하지 않은바 아니나, 많은 것들이 망각 속에 묻힌 지금 살아온 세월들을 내가 충실히, 충분히 되살릴 수 있을지 자신이 없다. 어쩌면 남편의 묘지에서라면 기억의 실타래가 풀리고 말문이 열릴지도 모르겠다.

남편은 이곳에서 15마일 정도 떨어져 있는 한인묘지에 묻혀 있다. 함께 배를 타고 왔던 사람들도 꽤 많이 묻혀 있으니 외롭지는 않을 것이다. 요양원으로 옮겨 오고 난 후에는

발길이 뜸해지긴 했어도 나는 매번 '다음에는 아주 오게 될 터이니 기다리고 계시우' 라는 인사말을 그에게 남기곤 한다. 20년 전 그를 떠나보낼 때는 내가 이토록 지상에 오래 남아 있을 줄 몰랐었다. 나지막한 산 둔덕에 자리 잡은 묘지에서는 저만치 멀리 바다가 보였다. 그는 죽어서도 바다를 보고 있다. 병들어 바깥출입이 어려워지자 그는 2층의 베란다에 흔들의자를 놓고 앉아 자신을 이곳으로 데려온 바다를 종일토록 바라보곤 하였다.

나는 그의 관에 그가 쓰던 안경과 옛 땅을 떠나올 때 신었던 가죽신, 그의 어머니가 수놓아 만들어준 수젓집을 그와 함께 넣어 묻었다. 놋수저 한 벌을 넣어 가지고 왔다는 수젓집은 간직하고 싶었지만 마지막에 마음을 바꾼 것은 그 비단 헝겊주머니에 남아 있는 얼룩 때문이었다. 장생불사를 상징한다는 해, 푸른 산, 흐르는 물, 바위, 구름, 소나무, 거북, 학, 사슴들을 수놓은 오색실의 빛깔은 수십 년이 지나도록 변함없이 찬란하였다. 그러나 자세히 보면 흰 비단 바탕에 군데군데 누르스름하게 번진 얼룩이 있었다. 새댁 시절, 홀아비 생활 10년간의 가난한 신랑 살림살이 중에서 어울리지 않게 호사스러운 비단 수젓집을 발견했을 때 오색수로 정교한 십장생의 무늬보다 먼저

눈에 들어온 것이 그 얼룩들이었다. 기약할 수 없는 먼 길을 떠나는 아들의 명과 복을 비는 마음, 흐린 불빛 아래 한 땀 한 땀 수놓으며 짓던 어머니의 눈물이었을까. 어쩌면 고향과 어머니를 그리며 그가 떨구었던 눈물이었는지도 모르겠다.

제니퍼는 그 옛날, 조선 땅을 떠나올 때부터 지녔던 물건들이 자신의 글쓰기에 영감을 주리라고 했으나 내게 남아 있는 그의 자취는 없다. 아니다. 그와 내가 함께 이룬 가정과 자손들, 그들과 더불어 일군 세상이 있다. 일곱 아이들을 낳아 둘을 일찍 잃었지만 다섯 명의 자식들이 낳은 자손들, 또 그 자손들. 낯선 땅에 옮겨 심은 가녀린 나무는 세월이라는 햇빛과 바람과 비로 뿌리내려 둥치는 굵어지고 가지를 무성하게 벋었으며 씨앗을 퍼뜨렸다. 아이들은 바람 타고 나르는 씨앗처럼 산 넘고 물 건너 너른 세상 곳곳으로 퍼져갔다. 이만하면 한세상을 '살았다' 하지 않겠나 싶다. 그것으로 족하지 않나 싶다.

잊는다는 것은 곧 잃는 것이라지만 나이 팔십이면 잊는 것도 잃는 것도 그다지 안타까워할 일은 아닌 것이다. 기억이 너무 많으면 영혼이 무거워서 저승 가는 일이 힘들어질 것

이다. 그렇다 하더라도 제니퍼에게 이야기를 들려주기 위해서는 정신을 가다듬어 기억 속의 길을 찾아보아야 할 것이다.

서랍장에 간직해 둔 사진첩을 꺼내 첫 장을 펼친다. 누렇게 바랜 사진 속의 얼굴은 앳된 청년이다. 짧게 자른 앞머리칼을 말끔하게 뒤로 넘겨 넓게 드러난 이마 아래 두 눈과 꼭 다문 입매가 자신의 앞날에 대한 기대와 불안함이 뒤섞인 표정을 만들고 있다. 긴 항해의 멀미조차 잊게 만든 불안과 설렘, 이제 처음 만나게 될 남편에 대한 온갖 공상 속에서 하루에도 수십 차례씩 품속에서 꺼내보았던 사진이었다. 사진 속의 그가 바로 내 운명임을 모르지 않았기 때문이었다. 그러나 호놀룰루에 도착하여 첫 대면한 남자는 사진 속의 그 젊은 이가 아니었다. 사탕수수 농장에서 막일꾼으로 보낸 10년 세월로 중늙은이가 되어버린 그의 얼굴에 칼금을 만들며 어색하게 비어져 나오는 웃음을 보면서 그 낯섦과 실망감에 울음이 터져 나올 것만 같아 나도 모르게 얼굴을 돌리지 않았던가.

장을 넘겨 명례와 봉옥이와 함께 사진관에서 찍은 사진을 오래 들여다본다. 우리는 우리 앞에 놓인 길을 지워버리고 머나먼 미지의 세상으로 거침없이 뛰어들었던 용감한 처녀들

긴 항해의 멀미조차 잊게 만든 불안과 설렘, 이제 처음 만나게 될 남편에 대한 온갖 공상 속에서 하루에도 수십 차례씩 품속에서 꺼내보았던 사진이었다. 사진 속의 그가 바로 내 운명임을 모르지 않았기 때문이었다.

이었다.

명례는 남편과 마찬가지로 한인묘지에 묻혀 있고, 일찍 캘리포니아로 들어간 봉옥이와는 소식이 끊겼다. 죽었거나 살아 있거나 않고 있겠지.

하와이에 가기로 결정하고 예배당을 나온 우리는 사진관에 가서 각각 신랑에게 보낼 독사진과 셋이 함께한 기념사진을 찍었다. 먹물 먹인 실로 살을 떠서 의형제를 맺으며 죽을 때까지 형제의 우애를 나누자고 다짐한 것도 그날의 일일 것이다. 우리는 뿔뿔이 헤어졌지만 똑같이 왼쪽 팔뚝 안쪽에 새긴 세 개의 검은 점은 시든 피부에 아직 남아 있다.

내 부모는 숭례문 부근 의원 집에서 행랑살이를 했다. 너른 안마당 한쪽으로 수십 개의 약탕관이 즐비하게 놓여 언제나 약 달이는 냄새가 진동하던 것, 방마다 침을 맞으러 온 사람들이 가득하던 것, 토방에 어지러이 흩어져 있는 신발들을 가지런히 정리해 놓던 어린 내 모습들이 떠오른다. 마당쇠로부터 청지기, 약 달이는 일과 병자 수발드는 일을 가리지 않고 하시던 아버지가 병을 얻어 눕게 되자 어머니는 큰살림의 안잠자기로 바쁜 중에도 아버지의 몫까지 일하느라 집 안팎을 팽이처럼 돌며 쉴 짬이 없었다. 주인 마나님은 영천 부근의

예배당에 다니는 예수꾼이었다. 나는 열다섯
살 무렵부터 주인 마나님을 따라 해동예배당
에 다니기 시작했다. 글을 가르치고 서양식 공
부도 가르쳐준다는 말에 솔깃했던 것이다. 행
랑살이의 구실도 잘 못하는 병자인 아버지에
대해 못마땅해 하는 기색 없이 보아주는 무던
한 주인 마나님의 마음을 거스르지 않게 위해
서인지 부모도 내가 예배당에 가는 일을 막지
않았다. 명례와 봉옥이는 예배당에서 만난 동
무들이었다. 명례는 고아로 선교사인 랜턴 부
인이 집안일을 시키며 거두는 아이였고, 얼굴
이 예쁘고 몸태가 고운 봉옥이는 소실의 딸로,
제 엄마처럼 돈푼이나 있는 남자의 첩실이 되
거나 권번에 들어가야 할 처지였다. 열여덟 살
이 된 내게 어머니는 시집보낼 걱정을 하셨으
나, 나는 시집보다도 신학문을 가르친다는 이
화학당에 들어가고 싶었다. 사람들은 남의 첩
이나 기생들이 다니는 학교라고 손가락질했으
나 진홍색 치마저고리를 입고 책보를 들고 가
는 그들을 보면 그렇게 부러울 수가 없었다.
언젠가 먼발치에서 나 몰래 도둑선을 본 남자
쪽의 어머니가, 내가 얼굴이 각지고 어깨가 사
내처럼 넓어 팔자가 드세겠다고 퇴박 놓았다
는 얘기를 누군가에게 건네 듣고는 더욱 그러
했다. 비슷비슷한 처지의 남자를 만나 가난과

"거긴 돈이 많아 빗자루로 쓸
어 담을 정도란다. 일 년 내내 춥도
덥도 않고 날씨가 화창하여 사철
푸른 풀, 붉은 꽃이 만발하지. 나도
젊었으면 그곳으로 가겠다. 새 세
상을 살아보겠다."

관습의 굴레에서 한 치도 벗어나지 못하고 어머니처럼, 이 땅의 모든 여자들처럼 여자로 태어난 죄를 한탄하며 살다가 죽으리라는 생각을 하면 가슴이 꽉 막혀 오는 것 같았다.

어느 날 랜턴 부인이 우리를 목사관으로 불렀다. 조선을 떠나 하와이라는 곳으로 갈 생각은 없는가 하고 우리에게 물었다. 그곳에는 수년 전부터 많은 조선 청년들이 옮겨가 큰돈을 벌면서 일하고 있는데, 그들이 참한 규수를 찾아 혼인하고 싶어한다는 것이었다. 그곳은 조선 땅에 비할 바 없이 넓고 자유로워 원하는 공부도 할 수 있다고 하였다. 물산이 넘쳐나 생활이 풍족하고 남녀가 평등하고 출생의 천함과 귀함이 없으며 누구나 노력하는 만큼 뜻하는 바를 이루리라, 돈을 많이 벌어 조선의 가난한 가족들을 걱정 없이 살게 할 수 있으리라고도 하였다.

"거긴 돈이 많이 빗자루로 쓸어 담을 정도란다. 일 년 내내 춥도 덥도 않고 날씨가 화창하여 사철 푸른 풀, 붉은 꽃이 만발하지. 나도 젊었으면 그곳으로 가겠다. 새 세상을 살아 보겠다."

랜턴 부인의 말을 옮겨 전해 주던 전도 부인이 우리에게 말했다. 그러한 좋은 세상이 과연 있을까 싶으면서도 우리는 랜턴 부인의 말을 의심할 수 없었다. 조선 땅 밖으로 얼마나 많은 나라와 인종과 색다른 문물들이 있는지 날이면 날마다 새롭게 듣고 있는 터였다.

보름간의 생각할 말미를 받아 돌아와 며칠을 망설이다가 치도곤을 맞을 각오로 어렵게 입을 떼었을 때 의외로 부모의 반응은 담담했다. 이미 주인 마나님에게 이야기를 들었던 탓도 있을 것이고 병이 깊은 아버지가 매사에 마음을 놓아버린 탓도 있을 것이다.

흉흉하고 불안하기 짝이 없는 세상이었다. 가뭄과 기근으로 굶어 죽는 사람들이 속출하고 홍수 뒤에 호열자와 장질부사가 창궐하여 죽는 사람들이 헤아릴 수 없었다. 사람들은 유리걸식으로 연명하거나 저 멀리 만주로, 연해주로 살 길을 찾아 떠났다. 늙은 부모를 토굴 속에 가둬 굶겨 죽인 자식이나 허기를 못 이겨 자식을 잡아 먹었다는 소문이 드물지 않았다. 대궐에 일장기가 내걸리고 곧 왜놈의 나라가 되어 조선 사람들은 그들의 종살이를 하게 되리라 하였다. 내 마음이 그쪽으로 기울어져 있음을 아신 어머니는 "여자 팔자와 물길은 돌려 대기 달렸다니" 하며 긴 한숨을 내쉬셨고 아버지는 "거기도 사람 사는 데고 개명한 곳이라 하니……." 하며 말끝을 맺지 못하셨다.

랜턴 부인은 사진 세 장을 뒤집어 놓고는 우리에게 어떤 사람을 원하는가 물었다. 봉옥이는 인물이 좋고 돈 잘 벌고 학식이 있는 남자, 명례는 술·노름을 하지 않고 때리지 않는 남자를 원한다고 했다. 나는 똑똑하고 심지가 굳은 사람, 마음 착한 사람이라고 했다. 랜턴 부인이 하하 웃었다. 우리가 바라는 모든 것을 다 갖춘 남자는 이 세상에 없다고, 그러나 우리가 그렇게 만들어갈 수 있다고 말했다.

우리는 하얀 뒷면을 보이는 사진을 앉은 순서대로 집었다. 그것이 나와 광산 김씨 김윤수의 첫 대면이었다. 나와는 15년이나 차이 나는 서른넷의 늙은 총각이었지만 사진 속의 남자는 하이칼라 머리의 앳된 청년이었다.

내 사진을 보낸 석 달 후 김윤수는 혼서지와 함께 얼마간의 돈, 이러한 인연도 하늘의 뜻일 터이니 산 설고 물 설고 말도 풍습도 다른 타국의 생활이 아무리 힘들고 외롭더라도 잘살아 보자는 내용의 편지를 보내왔다. 문면이 점잖고 달필이어서 한결 마음이 놓이던 기억이 난다. 해를 넘겨 1913년 초봄, 열아홉 조선 처녀인 나는 제물포에서 증기선을 타고 호놀룰루를 향해 20여 일의 긴 여정에 올랐다. 어머니는 그가 보낸 돈을 헐어 남자 한복 일습과 붉은 치마와 푸른 저고리 한 벌을 지어주셨다. 이름뿐인 혼례식날 단 한 번 입고 넣어두었던 그 옷을 입고 그는 저세상으로 갔다. 나 또한 그 옛날의 붉은 치마, 푸른 저고리로 갈아입고 그의 곁으로 가게 될 것이다.

집 떠나기 전날, 여느 때와 다름없이 우물에서 물을 길어 항아리를 채우고 저녁밥을 지었다. 아버지와 어머니, 네 동생들이 호롱불빛 아래서 묵묵히 저녁밥을 먹었다. 벽에 이불을 괴고 기대앉아 수저를 든 채로 나를 바라보시던 아버지의 망연하고 슬프고 깊은 눈길은 지금도 잊지 않는다.

밤에 가마솥에 물을 데워 부엌문을 걸어 잠그고 몸을 씻었다. 이른 봄이라 벗은 몸에 소름이 오스스 돋았으나 좁은 부엌 안은 이내 더운 김으로 부예졌다. 부끄러워 마다했으나 어머니가 굳이 따라 들어와 내 몸을 씻어주셨다. 어머니에게 몸을 보인 것은 철들고 처음이었다.

"거기 가면 집으로 돈도 보낼 수 있대요. 거기서는 빗자루로 돈을 쓸어 모은답니다."

"그럴 리가 있느냐. 다 헛소리지. 누구나 제 힘 팔아 돈사는 법이다. 죽으면 썩어질 몸이라지만 그저 내 몸을 천금같이 아껴라."

어머니는 또 말씀하셨다.

"나도 네 아버지를 신방에서 처음 보았느니라. 부부의 인연은 사람의 뜻이 아닌 것 같더라."

"……."

"내가 산 것이 아니라 목숨이 제 스스로 살았다. 너는 다른 세상을 살아라."

다음 날, 날이 밝아올 무렵 나는 길게 땋아 내려 붉은 댕기를 물린 머리채의 중동을 가위로 서걱서걱 잘라냈다. 잘린 긴 머리채를 댕기째 빗첩에 싸놓았다. 삼단 같은 머리카락을 자르고, 낯선 남자의 사진을 품고 그의 아내가 되기 위해, 새 세상을 살기 위해 나는 집을 떠났다.

간밤을 뜬눈으로 새운 듯 눈이 붉어진 어머니는 긴 골목의 끝까지 따라 나오셨다. 내게 등 떠밀려 되돌아가던 어머니가 갑자기 몸을 돌려 울음 섞인 목소리로 부르셨다.

"아가, 보배야. 보배야, 어디서건 부디 몸 성하고 잘살아라."

보배야, 보배야. 슬픔과 탄식과 안타까움으로 젖은 어머니의 부름은 그날 이후 줄곧 내 귓전에서, 마음에서 맴돌며 슬픔과 낙망과 고통에서 나를 일으켜 세우는 힘이 되었다. 어머니와 아버지의 첫아이인 나는 그들의 보배이고 나 자신의 보배인 것이다. 어쩌면 살아온

우리는 하얀 뒷면을 보이는 사진을 앉은 순서대로 집었다. 그것이 나와 광산 김씨 김윤수의 첫 대면이었다. 나와는 15년이나 차이 나는 서른넷의 늙은 총각이었지만 사진 속의 남자는 하이칼라 머리의 앳된 청년이었다.

세월, 나의 일생은 그 이름과 그 이름의 뜻을 스스로에게 깊이깊이 각인시키는 과정이었는지도 모른다.

이곳에 와서 나는 캐서린이라는 새로운 이름을 갖게 되었지만 보배라는 이름을 버리지 않았다. '보배'란 가장 귀하고 소중하고 아름다운 모든 것을 가리키는 말이라는 것을 알게 된 자식들은 자신들의 아이들에게 '보배'라는 미들네임을 붙여준다. 제니퍼 보배 바드. 필립 보배 김. 신시아 보배 야마시타……. 세상 곳곳으로 흩어져 살아가는 아이들이, 우리가 가보지 못할 미래의 세상을 살아가게 될 아이들이 자신들이 처한 모든 곳에서 보배가 되기를, 무엇보다도 자신의 보배가 되기를 바라는 마음에서일 것이다.

그의 인생에 대해, 나의 인생에 대해 성공이나 실패라는 말을 붙이는 것은 무의미한 일일 것이다. 먼 곳으로 날아간 씨앗처럼 그 떨어진 자리에서 뿌리내리고 자손을 퍼뜨리며 살았을 뿐이다.

남편은 평생 부지런한 노동자이며 성실한 가장으로 살았다. 떠나온 땅과 두고 온 사람들을 그리는 감정을 내비치는 일 없이 살았으나 늙고 병들어서는 고향으로 가는 바닷길만을 바라보다가 죽었다. 내가 그를 알았다고 말할 수 있을까. 백정의 자식으로 태어난 그가, 신분의 족쇄와 차꼬를 풀고 아무도 모를 세상에서 원 없이 살아보고자 했다는 그가 자신이 꿈꾸던 인생을 살았는가, 알 수 없는 일이다.

그의 인생에 대해, 나의 인생에 대해 성공이나 실패라는 말을 붙이는 것은 무의미한 일일 것이다. 먼 곳으로 날아간 씨앗처럼 그 떨어진 자리에서 뿌리내리고 자손을 퍼뜨리며 살았을 뿐이다. 그와 나는 사탕수수 농장의 값싼 노동자로 해돋이에서 해넘이까지 무거운 짐을 진 노새처럼 노역의 삶을 묵묵히 이끌어 나갔고, 그런 중에 차례로 태어난 아이들은 캄캄한 밤의 반딧불이처럼 신비한 빛으로 고된 삶의 의미와 가치와 보람을 일깨워 주었다. 삶의 어려움이, 낯선 세상에서 살아야 한다는 불안과 긴장과 외로움이 우리를 피폐하게 만들기도 하고 많은 소중한 것들을 파괴하기도 했으나, 그 어려움과 외로움이 또한 우리를 진정 하나로 만들었다는 것을 나는 그를 떠나보내고 나서야 비로소 알았다.

사람들은 흔히 자신의 일생을 소설책으로 엮으면 열 권도 넘을 것이라고 말한다. 삶이 끝나면 비로소 이야기도 끝나는 법. 사진첩을 덮으며 나는 생각한다.

누구에게나 산다는 것은 자신의 이야기를 만들고 써 내려가는 일인지도 모른다고…….

오정희

1947년 서울에서 태어나 서라벌예대 문예창작과를 졸업했다. 대학 2학년 때인 1968년 《중앙일보》 신춘문예에 단편소설 〈완구점 여인〉이 당선되어 등단했다.
소설집 《불의 강》, 《유년의 뜰》, 《바람의 넋》, 《불꽃놀이》, 장편소설 《새》, 동화 《송이야 문을 열면 아침이란다》, 《접동새 이야기》, 산문집 《허리 굽혀 절하는 뜻은》, 《살아있음에 대한 노래를》, 《내 마음의 무늬》 등이 있다.

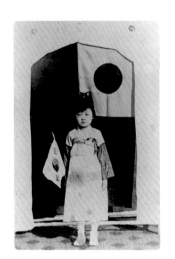

독립을 향한 열망

3

해외 독립운동의 전초기지

일제에 빼앗긴, 두고 온 나라의 독립에 대한 열망에는 남녀노소의 구분이 없었다. 나라를 빼앗긴 건 다 마찬가지, 나라를 되찾아야 한다는 건 다 마찬가지였다. 한인 이민자들에게도 조국의 독립을 이루는 일이 자기 삶의 최대 목표가 되었다. 조국의 독립에 대한 한인들의 열망은 해방의 그날까지 사탕수수 농장의 태양빛보다 더 붉고, 더 뜨겁게 타올랐다.

미주 지역은 국외 항일운동사에서는 빼놓을 수 없는 곳이다. 특히, 미주 지역에 한인 이민이 최초로 이루어진 하와이는 미주뿐만 아니라 모든 국외 독립운동의 전초기지라 할 만하다. 임시정부의 수립과 국내외 여러 의사·열사들의 의거도 하와이 사탕수수 농장 이민자들의 독립기금이 바탕이 되었다. 1908년 대한제국 외교고문 더럼 화이트 스티븐스 (Durham White Stevens)를 암살한 장인환 역시 1904년 하와이로 이민 온 사탕수수 농장 출신이다.

초기 한인 이민자들의 조국 독립을 위한 운동은 1905년 을사조약(을사늑약) 때부터 나라를 되찾은 그날까지 40여 년이라는 긴 세월 동안 끊이지 않고 이어졌다. 누구보다도 뜨거웠던 조국 독립에 대한 열망으로 한인 이주민들은 누구나 할 것 없이, 고된 노동의 대가로 번 임금을 독립기금으로 내놓았다. 그리고 여러 단체에 가입해 '나라 밖에서 나라를 찾으려는' 독립운동을 전개했다. 초기 이민자들은 조국의 독립을 위한 헌신을 자신의 삶의 목표로 여겼기 때문이다.

독립기금 마련은 이후 이들이 경제적 자립을 이루어 농장에서 벗어나 도시로 나간 뒤 세탁업, 재봉업 등 자영업을 하면서도 계속 이어졌다. 그러면서 초기 이민자들은 자녀들에게 교육을 받게 하고 자신들 또한 배워나갔다. 미주 한인 이민들은 또한 독립을 위해 외교활동과 군사훈련을 함께 펼쳐나가기도 했다.

1

1. **윤병구 환영회** : 포츠머스회담에 참가하려다 무산당하고 하와이로 돌아오는 윤병구를 맞이하기 위해 모인 하와이의 한인 교포들. 1905년 러일전쟁을 끝내기 위해 루스벨트 미국 대통령의 중재로 러시아와 일본 간에 강화회의가 미국 뉴햄프셔주 포츠머스에서 열렸다. 이 회담의 결과로, 미국과 영국뿐만 아니라 패전국 러시아도 일본의 한국 지배를 승인하게 되어, 한국은 일제 식민지의 길로 들어서게 된다.(1905년, 민병용 소장)

2. **윤병구** : 윤병구는 1904년 통역사로 하와이에 이주했다. 하와이에서 그는 외교관이자 농부, 감리교 목사, 그리고 독립운동가이기도 했다. 고종황제의 밀서를 갖고 한국 대표로 포츠머스회담에 참가하려 했으나, 회담장 입장을 거부당했다. 윤병구는 1907년 헤이그회담에도 고종의 밀서를 지참한 대표단의 통역자로 회담 참가를 시도했으나 역시 일본의 방해로 무산되고 말았다.(1920년대경, Susan E. Yoon McDavid 소장 / 로베르타 장 제공)

3-4. **포츠머스회담 참가 위임장** : 하와이한인 임시공동회에서 윤병구에게 포츠머스회담에 참가해 한국의 독립을 주장할 것을 위임한 위임장(사진 4, 1905년 7월 15일, Susan E. Yoon McDavid 소장 / 로베르타 장 제공)과 하와이 지역 신문에 난 기사(사진 3, 1905년).

2

VOL. XLII. NO. 7187.   HONOLU

KOREAN ENVOY TO THE PEACE CONFERENCE

Seven Thousand Koreans in Hawaii Send Mr. Yoon to Urge the Independence of Korea at the Meeting of Plenipotentiaries.

3

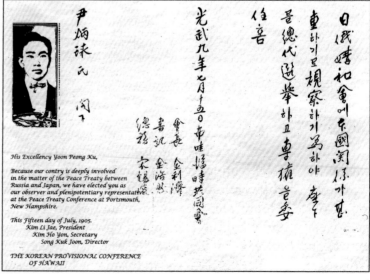

His Excellency Yoon Peong Ku,

Because our contry is deeply involved in the matter of the Peace Treaty between Russia and Japan, we have elected you as our observer and plenipotentiary representative at the Peace Treaty Conference at Portsmouth, New Hampshire.

This Fifteen day of July, 1905.
    Kim Li Jae, President
    Kim Ho Yon, Secretary
    Song Kuk Joon, Director

THE KOREAN PROVISIONAL CONFERENCE OF HAWAII

4

1

2

3

4

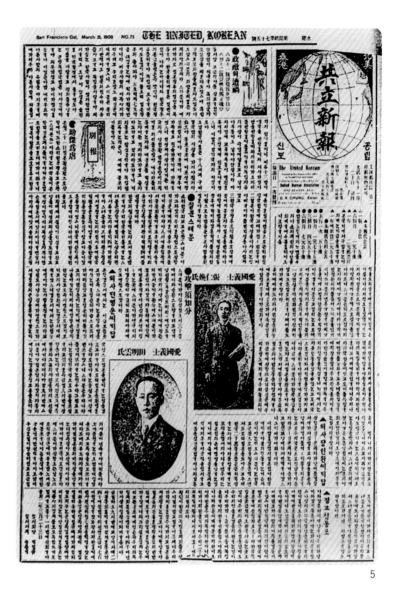

1. **스티븐스 암살 기사** : 장인환, 정명운 의사가 고종 황제의 외교고문이었던 스티븐스를 저격한 사건을 보도한 〈샌프란시스코 크로니클〉의 3월 24일치 1면 기사.

2. **장인환 의사** : 1904년에 하와이 사탕수수 농장에 이민 와서 유타주 등지에서 철도 노동자로, 또 알래스카의 어장에서도 일했으며, 샌프란시스코 대동보국회에 가입했다. 전명운 의사와 한국 독립운동사상 최초의 의거를 일으켰다.

3. **전명운 의사** : 1905년 4월에 하와이 사탕수수 노동자로 이민 와서 유타주 등지에서 광부생활을 했다. 샌프란시스코 공립협회에 가입해 활동하기도 했다. (1908년경, 독립기념관 소장)

4. **장인환 의사 출옥 환영식** : 샌프란시스코에서 열린 장인환 의사 출옥 환영 모임. 스티븐스 저격사건으로 1908년 법정에서 25년형을 선고받은 장인환 의사는 모범수로 인정받아 1919년에 가석방되었다. (1919년, 크리스천 헤럴드 제공)

5. **〈공립신보〉 기사** : 샌프란시스코 공립협회에서 발간하는 〈공립신보〉에서 장인환 · 전명운 의사 사건에 대한 보도 기사.(1908년 3월 25일자, 크리스천 헤럴드 제공)

6. **〈신한민보〉** : 1909년 2월 대한인국민회가 공립협회의 기관지인 〈공립신보〉와 대동보국회의 기관지인 〈대동공보〉를 흡수해 창간한 기관지로, 미국 동포사회에서 가장 오래된 신문이다.(크리스천 헤럴드 제공)

5

6

1

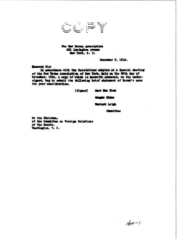

2

1. **북미대한인애국동지대표회** : 박용만의 주도로 7월 11일부터 15일까지 미국 콜로라도주 덴버시에서 열린 이 모임에 미주 전역에서 활동하던 독립운동 단체 대표 36명이 참석했다. 각 대표들은 행동을 통일하고 무장운동을 펼친다는 독립운동의 방향을 마련했다.(1908년,크리스천 헤럴드 제공)

2. **신한회의 한민족 독립청원서** : 미국 뉴욕 거주 한인들의 독립운동 단체인 신한회(회장 신성구)가 3·1운동 4개월 전인 1918년 12월 3일 미상원 외교위원회에 제출한 것으로, 해외 한인이 작성한 첫 독립청원서다.(1918년, 독립기념관 소장)

3. **태극기를 들고 있는 한인 부인들** : 3·1운동 소식이 전해지자 하와이의 한인 부인들은 조국의 독립운동을 지원하기 위해 여러 애국단체를 만들었다. 1919년 하와이에서 조직된 대한부인구제회의 회원들은 살림을 절약하고, 떡·밑반찬 등을 팔아 독립운동 자금과 각종 구제금을 마련했다. 이렇게 해서 조국의 독립을 위해 마련한 자금이 당시 돈으로 20만 달러가 넘었다.(1919년경, 이덕희 제공)

4. **클레어몬트 집회** : 3·1운동 직후 LA 근교 클레어몬트대학 운동장에서 개최된 한인 집회.(1919년, USC 소장 / 크리스천 헤럴드 제공)

3

4

1. **3·1운동 지원** : 중가주의 한인들이 포도 농장에 있는 다뉴바장로교회에 모여 3·1 독립운동 지원을 결의했다.(1919년, USC 소장 / 크리스천 헤럴드 제공)

2. **임시정부 초대 국무위원** : 대한민국 임시정부 국무위원들(앞줄 왼쪽부터 신익희, 안창호, 현순).(1919년, David Hyun 소장 / 크리스천 헤럴드 제공)

3. **3·1절 기념 야외예배** : 하와이 한인기독교회 교인들이 3·1절 기념 야외예배 후 태극기와 성조기 앞에서 기념사진을 찍었다.(1936년, Bishop Museum 소장 / 이덕희 제공)

4. **삼일절 경축** : 1922년 3월 22일 조직된 한인들의 친목단체인 하와이대한인교민총단이 삼일절을 경축하고 있다.(1931년 3월 1일, 독립기념관 소장)

5. **태극기를 든 소녀** : 미국에서 자란 한인 어린이 플로렌스 한이 한국의 독립을 염원하며 태극기를 들고 있다.(1920년, 홍순경 소장 / 크리스천 헤럴드 제공)

하와이한인 사회영화를 힘쓰노 꼬류동포 렬정으로
삼일켤운   경츅하노경황
一九三구年 三月一日대한 人 꼬민총단

4

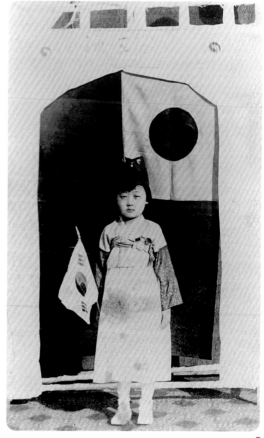

5

대한인국민회

대한인국민회는 1910년 미국에서 조직된 항일 독립운동 단체다. 장인환·전명운 의사의 스티븐스 사살을 계기로 하와이의 한인합성협회와 샌프란시스코의 대한인공립협회가 통합해 1909년 2월 국민회가 조직되었는데, 이듬해 대동보국회를 흡수한 뒤 대한인국민회로 재조직되었다.

대한인국민회는 국외의 한인을 총망라한 단체를 구성하기 위해 북아메리카·하와이·시베리아·만주 등지에 지방총회를, 멕시코 등지에 지방회를 둠으로써 하와이와 미주 본토는 물론 멕시코 지역에 걸친 한인사회의 명실상부한 자치기관이자 조국 독립운동의 중추기관으로 발전했다. 또 한편, 미국 정부로부터는 "재미 한인에 관계되는 일은 공사(公私)를 막론하고 일본 정부나 관리를 통하지 않고 한인사회와 직접 교섭한다"는 조치를 얻어냄으로써, 재미동포를 대표하는 기관으로 인정받았다.

미주 한인에게서 '국민의무금'을 모금해 대한민국임시정부를 지원했으며, 기관지로 〈신한민보〉를 발간하기도 했다

2

3

1. **퍼레이드** : 대한인국민회 창립 6주년을
   맞아 하와이의 국민군단이 시가행진을
   하는 장면. 대한인국민회는 해외의 한인
   을 총망라한 단체로 구성하기 위해 한인
   이 살고 있는 지역마다 지방총회를 두었
   으며, 1912년에는 북아메리카 · 하와이 ·
   시베리아 · 만주 등 각 지방총회의 대표
   자를 소집해 샌프란시스코에 대한인국민
   회 중앙총회를 설치하고, 독립운동과 재
   외 한국인의 권익을 대표하는 최고 기관
   으로 활동했다.(1915년, Arthur Park Photo
   / 로베르타 장 제공)

2. **공립협회관** : 국민회의 모태의 하나였던
   샌프란시스코의 공립협회관.(1912년경,
   Sonia Sunoo 소장 / 로베르타 장 제공)

3. **합성협회관** : 국민회의 모태의 하나였던
   하와이 호놀룰루의 합성협회관.(1907년
   경, 독립기념관 소장)

4. **초기의 국민회 본부** : 하와이에 있던 초
   기 국민회 본부.(1912년경, 강영옥 소장 /
   로베르타 장 제공)

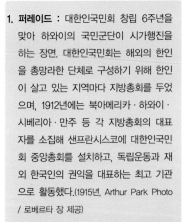

4

1

2

3

4

5

6

1. **국민회 창립 경축** : 국민회 창립기념일을 맞아 하와이의 교민들이 경축행사를 하는 광경.(1915년, 독립기념관 소장)

2. **국민회 하와이 지방총회관** : 1914년에서 1948년까지 하와이의 밀러 스트리트 (Miller St.)에 있던 국민회 하와이 지방 총회관.(독립기념관 소장)

3. **국민회 하와이 지방총회관** : 1948년 후로 국민회 하와이 지방총회관으로 사용되던 하와이의 루크 애비뉴(Rooke Ave.) 총회관.(이덕희 제공)

4. **국민회 하와이 지방총회 창립회원** : 샌프란시스코의 대한인공립협회와 하와이의 한인합성협회가 통합되어 1909년 2월 국민회가 조직되었고, 그 이듬해인 1910년 5월 대동보국회가 국민회에 흡수되면서 대한인국민회로 재조직되었다.(1909년, 독립기념관 소장)

5. **대한인국민회 하와이 지방총회의 지도자들** : 대한인국민회는 1919년 2월 한국 독립운동에 대한 청원서를 윌슨 미국 대통령에게 제출해 한국의 독립을 호소하기도 했다.(독립기념관 소장)

6. **이승만 환영 리셉션** : 박용만의 주선으로 하와이로 이주하게 된 이승만을 환영하는 리셉션. 앞줄 중앙이 이승만, 그 오른쪽이 국민회 하와이 지방총회 회장 칠레이 정, 그 오른쪽이 박용만.(1913년 경, Xander Cintron-Chai Album / 로베르타 장 제공)

1. **안창호 환영 리셉션** : 국민회 중앙총회장이던 안창호가 하와이를 방문했을 때 국민회 하와이 지방총회가 환영 리셉션 자리를 마련했다.(1915년, 천연희 소장 / 이덕희 제공)

2. **안창호와 국민회 회원** : 도산 안창호(앞줄 가운데)가 국민회 중앙총회장을 맡고 있을 때 하와이를 방문, 국민회 하와이 지방총회의 간부들과 자리를 함께했다.(1915년, 독립기념관 소장)

3. **서재필과 국민회 회원** : 서재필이 범태평양회의에 참석했을 때 국민회 회원들로부터 환영을 받고 있다.(1925년, *The Koreans in Hawaii* / 로베르타 장 제공)

4. **하와이 대한인교민단** : 대한인교민단의 '민중승리축하기념' 장면. 하와이 대한인국민회는 몇 차례에 걸쳐 체제가 바뀌는데, 대한인국민회 하와이 지방총회가 1909년부터 1921년까지 존속하고, 1922년부터 1932년까지는 하와이 대한인교민단으로 바뀌었다.(1932년, 로베르타 장 소장)

5. **독립특별의연금 증서** : 독립의연금을 기부한 김장연에게 발행한 증서. 3·1운동 직후 대한인국민회는 동포들로부터 독립운동을 위한 특별의연금을 모금했다(1919년 8월, 레슬리 송 소장 / 크리스천 헤럴드 제공)

6. **대한독립운동비 의연금 증서** : 대한인국민회에서 독립운동을 지원하기 위해 발행한 의연금 증서. 문서에는 '김용식이 대한독립운동금 제1차 의연으로 21원을 충국, 애족, 단심(丹心)으로 출연하심을 자(玆)에 표함'이라고 쓰여 있다.(1920년대, 크리스천 헤럴드 제공)

7. **인구조사표** : 국민회에서 실시한 하와이 한인들에 대한 인구조사표.(1910년경, Mildres Chun Thomas 소장 / 로베르타 장 제공)

8–9. **독립금공고서**(사진 8, 1941년)**와 독립금예약서**(사진 9, 1943년) : 국민회 하와이 지방총회에서 발행한 독립금공고서에는 독립금 기부자와 예약금 및 납부한 액수가 나와 있다. 독립금예약서에는 독립금예약인 심영신(100달러 예약), 서약 증인 김원용의 서명이 되어 있다.(독립기념관 소장)

4

5

6

7

8

9

박용만과 대조선국민군단

대조선국민군단은, 박용만이 하와이에서 조국의 독립전쟁을 대비해 설립한 항일무장 독립단체다. 박용만은 이승만이 외교를 통해 독립운동을 주창한 것과는 달리 군사적인 방법을 통해서만 독립을 이룰 수 있다고 보았다. 모든 독립군을 통합해 무력투쟁으로 독립을 쟁취해야 한다는 생각이었다.

박용만은 미국 네브래스카주에 있는 헤이스팅대학 정치학과와 군사학을 공부해 1910년에 졸업했다. 그는 1909년 네브래스카 커니농장에서 군사 인재 양성을 위한 최초의 미주 지역 한인 군사학교라 할 수 있는 한인소년병학교를 설립한 뒤 1912년 첫 졸업생 13명을 배출했다. 1912년에 하와이로 건너온 박용만은 하와이 오아후섬 가할루 지방에서 약 1,200에이커의 파인애플 농장의 도지를 맡은 박종수의 도움을 받아 마침내 1914년 이 농장에 병영지와 군사학교를 세웠다.

국민군단의 병력은 초창기에는 103명이었고, 4년 후인 1916년에는 311명에 달했다. 박용만은 정예사관을 배출하기 위해 군사훈련을 포함해 군사학에 관련된 광범위한 교육과정을 학도들에게 이수케 했다.

학도들은 낮에는 파인애플 농장에서 일을 하고 저녁에는 제복을 입고 정식군대와 같은 훈련을 받았다.

1

2

3

1-2. 박용만(1881~1928) : 독립운동의 방법으로 무력투쟁을 강조했다. 1904년 미국으로 건너가 1909년 네브래스카의 커니농장에서 독립운동 인재 양성을 위해 한인소년병학교를 세워 1912년 첫 졸업생 13명을 배출했다. 1914년에는 대한인국민회의 도움으로 하와이 아후마누에 항일 한인군사단체인 대조선국민군단(국민군단)을 창설하고, 1919년에는 호놀룰루에 대조선독립단을 조직했다. 사진 1은 1914년경(독립기념관 소장), 2는 1917년의 모습이다.

3. 국민개병설 : 박용만은 1911년 〈신한민보〉의 주필로 활동하며, 《국민개병설》(1911년, 신한민보사 간행), 《군인수지(軍人須知)》(1912년, 신한민보사 간행) 등을 저술하는 등 무장독립운동을 주창했다.(크리스천 헤럴드 제공)

4. 박용만의 부고란 : 〈신한민보〉에 실린 박용만의 부고란. 박용만은 독립군 기지 건설을 위해 1919년 중국으로 건너갔다가, 그곳에서 1928년 10월 의열단원 이해명의 권총 저격을 받아 피살되었다.(크리스천 헤럴드 제공)

5. 소년병학교 교관 : 네브래스카의 헤이스팅스 한인소년병학교의 교관들과 박용만 교장. 박용만은 1909년에 미국 네브래스카주 커니농장에 한인소년병학교를 창설하고, 학생 27명을 모아 3년간 군사훈련을 시켜 1912년에 한인사관 13명을 배출시켰다.(1911년경, 민병용 소장 / 로베르타 장 제공)

4

5

1

2

3

4

5

1. **소년병학교** : 네브래스카 헤이스팅스 소년병학교의 학생들과 교관들.(1910년, 리대영 소장 / 크리스천 헤럴드 제공)

2. **군사시범** : 하와이의 카할루에서 교포들이 지켜보는 가운데 국민군단원들이 군사시범을 보이고 있다.(1916년, 강영옥 소장 / 이덕희 제공)

3. **국민군단의 선서** : 박용만의 지휘하에 311명의 단원들이 600여 명의 하와이 동포들 앞에서 선서를 하고 있다.(1914년, 독립기념관 소장)

4. **국민군단의 위용.**(1914년, 최용호 소장)

5-6. **사열식** : 국민군단이 태극기를 앞세우고 사열식을 하고 있다.(1913년, 사진 5, 크리스천 헤럴드 제공, 사진 6, 민병용 제공)

6

1

2

3

1. **국민회 창립기념식 퍼레이드** : 국민회 창립기념식 퍼레이드를 하고 있는 대조선국민군단.(1915년, Bishop Museum 소장 / 이덕희 제공)

2. **시가지 행진** : 하와이 호놀룰루 시가지를 행진하는 대조선국민군단.(1917년, 강영옥 소장 / 이덕희 제공)

3. **휴일을 즐기는 국민군단원** : 휴일을 맞아 국민군단원들이 드라이브를 하며 여가를 보내고 있다.(1916년경, 독립기념관 소장)

4. **국민군단 병영** : 국민군단은 대한인국민회의 연무부(鍊武部)를 확대·개편한 것으로, 장차 만주·시베리아에서 일본군과 독립전쟁을 할 것을 전제로 학도들을 훈련시켰다.(1914년경, 독립기념관 소장)

5. **대조선독립군단 단원** : 박용만과 이승만의 갈등으로 인해 국민군단이 해체되자 박용만은 1919년 하와이에서 독립군단을 결성한다. 앞줄 중앙이 박용만, 그 오른쪽 옆이 국민회 하와이 지방총회 회장을 역임한 이내수, 그 옆이 유동민이다.(1918년경, 로베르타 장 소장)

4

5

독립운동의 주역들

안창호는 독립운동의 중점을 실력 양성과 교육에 두었다. 한국 역시 선진국이 물질문명을 이룩한 지식을 하루빨리 습득해서 나라를 부유하게 하고 실업사상을 기르며 산업을 경영할 신민을 길러야 한다고 본 것이다. 그는 흥사단, 대한인국민회, 여자애국단 등의 단체를 통한 사회활동, 독립운동에 주력했다.

이승만은 국제 외교 활동을 통해 독립운동을 펼쳐나갔던 인물이다. 그는 독립운동의 노선으로 외교주의를 제창해, 약소국인 한국이 독립하기 위해서는 군사활동이 아닌 외교활동을 통해 미국은 물론 세계 열강을 움직여야 한다고 생각했다.

서재필은 3·1운동 직후 한인자유대회 주선 등을 통해 한국 독립의 정당성을 미국 및 세계 각국에 알리는 데 힘썼다. 그는 1919년 4월 14~16일 미국 필라델피아에서 대규모 한인 모임인 제1회 한인자유대회를 열고 일제의 한국 탄압 진상과 함께 한국의 임시정부 수립과 독립운동의 정당성 등을 대외에 선전해 냈다.

1

2

1. **도산 안창호의 집조(執照)** : 대한제국이
   발행한 여권으로, 발급 일자는 광무 5년
   (1902년) 8월 9일, 여권 번호는 51호다.
   안창호는 부인 이혜련과 함께 미국 유
   학길에 오른다.(민병용 제공)

2. **오렌지 농장에서 안창호** : 안창호는 캘
   리포니아주 리버사이드의 오렌지 농장
   에서 노동자로 일하면서 '오렌지를 하
   나하나 정성스럽게 따는 일이 조국을
   돕는 일'이라며, 음주와 도박, 동족끼리
   의 싸움을 일삼던 조선인 노동자들에게
   독립의식을 고취시켜 나간다.(1904년, 안
   수산 소장 / 이덕희 제공)

3. **미국 LA에서 도산 안창호와 서재필** :
   안창호는 1902년에 미국으로 건너가 그
   이듬해 샌프란시스코에서 한인친목회를
   만들고, 이후 리버사이드로 이주해
   1905년 한인친목회를 발전시켜 대한인
   공립협회를 창립했다. 1913년 5월에는
   샌프란시스코에서 사회교육, 국민훈련
   기관인 흥사단을 만들었다. 서재필은 갑
   신정변 실패 후 1885년 미국으로 망명
   해 의사가 되었고, 1895년 귀국해 〈독
   립신문〉을 발간하고 독립협회를 결성해
   활동하다가 수구파 정부와 열강에 의해
   1898년 미국으로 추방되었다. 3·1운동
   이 일어나자 병원 문을 닫고, 외교통신
   부 설치, 한인자유대회 개최, 항일 미국
   인들과의 제휴 등의 한국 독립 선전활
   동을 전개했다.(1925년, 민병용 제공)

4. **흥사단 단우들** : 흥사단은 1913년 5월
   미국 샌프란시스코에서 안창호의 주도로
   창립되었으며, 무실·역행(力行)·충의·
   용감의 4대 정신을 지도이념으로 하는
   사회교육, 국민훈련 단체다. 일제강점기
   국내외에 지부를 설립해 실력양성 운동
   에 힘썼다. 1909년 2월 한국에서 창설된
   청년학우회가 그 전신이다.(연대 미상, 크
   리스천 헤럴드 제공)

3

4

March 20, 1938
K.N.A.

1. **도산 안창호 추도식** : 서울에서 도산 안창호가 서거하자 LA의 대한인국민회 주최로 순국 추도식이 거행되었다.(1938년, 크리스천 헤럴드 제공)

2. **도산 안창호 가족이 살던 집** : 1935년부터 1947년까지 살던 집으로 USC(남가주대학) 교정 내에 있다. 수전 안, 필립 안, 랠프 안 등의 자녀들은 태평양전쟁 때 미군으로 참전했다. 장녀 수전 안(한국명 안수산)은 2006년 '아시안 아메리칸 저스티스 센터'에서 주는 제10회 '미국 용기상'을 한인으로서는 처음으로 수상했다.(민병용 제공)

3. **한성정부 집정관 총재 이승만** : 한성정부는 3·1운동 뒤인 1919년 4월 23일 서울에서 수립된 임시정부다. 국내에서 세워진 임시정부임에도 행정 각 부 총장·차장에 국내인사가 1명도 없었던 것은 국내의 독립운동이 어려워 해외에서 활동이 이루어질 것으로 예상했기 때문이다.(1919년, 강영욱 소장 / 이덕희 제공)

4. **2세 교육 후원자들** : 이승만(왼쪽 네 번째)은 1913년 하와이로 이주 후, 이민 자녀들의 교육을 위해 하와이 감리교회에서 세운 한인기숙학교의 교장직을 맡아 학교명을 한인중앙학원으로 바꾸어 운영했다. 1918년 9월에는 남녀공학제 소학교인 한인기독학원을 설립했다.(1913년, 크리스천 헤럴드 제공)

5. **하와이 동지회 회원들** : 동지회는 1921년 7월 하와이에서 이승만의 주도로 임시정부의 후원을 위해 결성한 독립운동 단체다. '상해 임시정부를 옹호한다'는 규정 아래 임시정부 대통령인 이승만을 종신 총재로 추대하고, 총재에 절대 복종을 신조로 했다. 대한인국민회와 마찰을 빚어오던 동지회는 1943년 한미족연합위원회를 탈퇴, 독자 활동을 한다.(1924년)

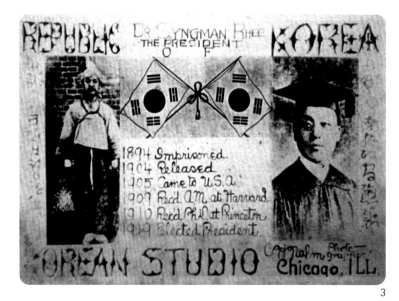

3

4

5

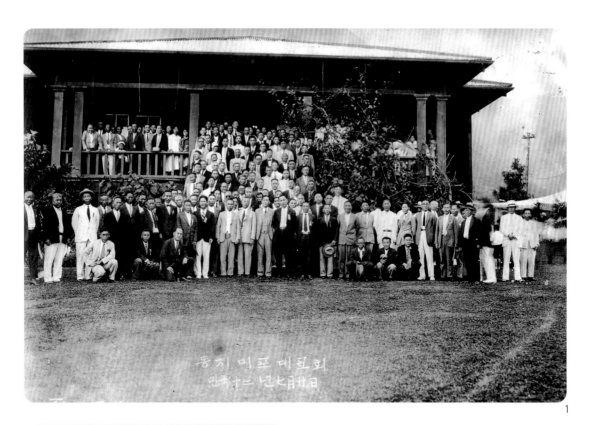

1

2

1. **동지회 미포대표회에 참가한 동지회원들**
: 동지회의 조직을 확대하기 위해 7월
15일부터 10일간 하와이 호놀룰루 교민
총단 집회실에서 열린 대표회에는 정식
대표는 18명밖에는 안 되었지만, 일반회
원 등 연인원 800여 명이 참가했다.
'미포'는 미주와, 포와(도)라 불린 하와
이를 뜻한다.(1930년 7월 16일, 강영옥 소장
/ 이덕희 제공)

2. **동지식산회사의 숯가마** : 이승만은 임시
정부 및 독립운동 자금 후원과 동지촌
건설을 위해 1925년 3월 하와이 오올라
지방의 산림지역을 사들여 동지식산회사
(同志殖産會社)를 세운다. 이곳에서 채소
농사를 짓고 숯을 구워 팔아 자금을 마
련하려던 이승만의 계획은 숯의 품질에
문제가 생기면서 실패한다. 자본금 7만
달러로 시작한 회사는 결국 채산성이 맞
지 않아 1931년 4월에 문을 닫게 된
다.(연대 미상, *Korea Times* 소장 / 이덕희
제공)

3. **제1차 한인자유대회** : 필라델피아에 머
물고 있던 서재필은 파리강화회의에 참
석할 대표를 뽑기 위해 회합을 소집할
계획이었다. 하지만 고국에서 3·1운동
이 일어나자 서재필은 모임의 성격을
3·1운동을 미국에 알리는 것으로 바꾸
어 1919년 4월 14일부터 16일까지 제1
차 한인자유대회를 개최했다.(1919년, 독
립기념관 소장)

4-5. **한인자유대회의 참가자들** : 3·1운동
을 미국에 알리기 위한 필라델피아의 한
인자유대회에서 참가자들이 태극기를 앞
세우고 거리행진을 하고 있다.(1919년, 민
병용 소장)

3

4

5

1

2

1. **김규식 환영식 :** 파리강화회의에서 활약한 김규식(앞줄 중앙)을 맞아 대한인국민회 지도자들이 환영하고 있다.(1919년, 크리스천 헤럴드 제공)

2. **중한민중동맹단 대표 한길수 :** 한길수는 1900년 5월 31일 황해도 장단 출생으로 6세 때 부모를 따라 하와이 사탕수수 농장으로 이주했다. 샌프란시스코에 있는 구세군사관학교를 졸업한 뒤 구세군 소대장으로 활동했고, 이후 주 호놀룰루 일본총영사관에서 근무(1935~37년)하기도 했다. 중한민중동맹단의 한길수는 자신의 정적이기도 한 동지회의 이승만과는 별도로 1930년대 후반 하와이 한인사회에서 외교활동을 전개한 인물이다. 1937년 10월 하와이 준주의 미국 주 편입 문제를 논의키 위해 열린 미 연방 상하원합동위원회 공청회에서 '호놀룰루 일본영사관이 하와이에 거주하는 자국계 시민들을 위시로 동양인을 배후 조종해 인종적 분규를 일으키려 한다'고 폭로하면서 유명해졌다. 한길수는 1938년 9월 하와이에서 미 본토로 건너간 뒤 중한민중동맹단을 대표해 일본의 세력 팽창과 전쟁 음모를 미국사회에 알리는 외교활동을 전개했다.(1942년, 민병용 제공)

여성애국단체

한인사회에서 여성들은 사탕수수 농장에서 남자들과 똑같이 일을 하거나, 독신 노동자들의 옷을 세탁하는 일 등을 하면서 자녀들을 교육시키고 또 집안살림을 꾸려나갔다. 남자들보다도 할 일이 더 많았다. 억척스럽고 생활력 강한 이들에겐 독립운동 역시 '바깥일'이 아니었다.

여성들은 1910년 이전부터 신명부인회를 조직해 사회활동을 했고, 1909년에는 부인교육회를 만들어 여자들의 교육에 힘썼다. 1919년 하와이에서는 항일독립운동의 후원을 목적으로 대한부인구제회가 조직되었다.

1919년 8월 캘리포니아에서 조직된 대한여자애국단은 독립운동 후원금을 마련해 국내동포의 구제사업에 힘쓰며, 부인들의 독립사상을 고취시켰는데, 광복 이후 태평양전쟁 후의 난민과 한국전쟁 중의 난민 구제 사업까지 펼쳤다.

그 밖에도 한인 여성들은 영남부인회(영남부인실업동맹회), 부인호상회, 애국부인회 등을 조직해 조국의 독립운동 지원에 나섰다. 어린 소녀들까지 한인소녀회를 만들어 미국, 영국, 프랑스 등의 지도자에게 한국의 독립을 호소하는 편지 쓰기 운동을 벌였다.

이처럼 초기 이민사회에서 여성들은 '내조자'가 아니라 한인사회와 독립운동을 적극 이끄는 주체로서 당당히 활동했다.

대한부인구제회 회원들 : 대한부인구제회는 1919년 고국에서 3·1운동이 일어나자 손마리아와 황마리아 등 하와이 각 지방의 여성대표 41명이 3월 15일에 공동대회를 열어 조국의 독립운동 후원을 결의함으로써 조직되었다.(1921년, Bishop Museum 소장 / 이덕희 제공)

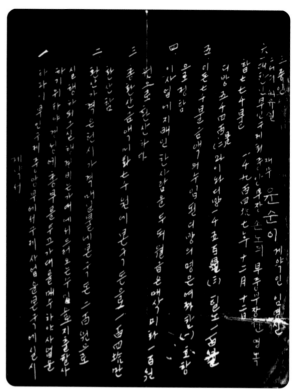

1

2

3

4

5

1-2. 대한부인구제회의 활동 : 하와이 호
놀룰루 대한부인구제회 단기(사진 1,
Korea Times 소장)와 대한부인구제회 중
앙부의 한국 구제사업 회비 납부 계약
서.(사진 2, 1947년, 독립기념관 소장 / 이덕
희 제공)

3. 대한부인구제회의 거리 행진 : 대한부인
구제회가 제1차 세계대전 휴전기념일 행
진에 참가하고 있다. 대한부인구제회는
한국전쟁 중에도 구제품을 모아 고국에
보냈다.(1921년, Bishop Museum 소장 / 이
덕희 제공)

4. 대한부인구제회 회원들 : 대한부인구제
회 회원들이 광복절 기념식을 마치고 기
념촬영을 하고 있는 모습.(1948년, 권주수
소장 / 이덕희 제공)

5. 해외한족대회 대표 초대연 : 대한부인구
제회가 하와이에서 주최한 해외한족대회
대표 초대연.(1944년, 민병용 소장 / 로베르
타 장 제공)

1. **하와이 국민부인회** : 회원들이 고국의
   3·1운동을 기념해 모였다. 하와이 이주
   여성들은 남성들과 똑같이 경제활동으로
   돈을 벌면서 자녀 교육에 힘쓰는 한편,
   여러 여성단체들을 만들어 독립운동에도
   활발히 참여했다.(1931년, Joyce Lee 소장
   / 이덕희 제공)

2. **창립 17주년을 맞은 대한여자애국단 회원
   들** : 대한여자애국단은 1919년 8월 5일
   중가주(중부 캘리포니아) 다뉴바에서 창
   립되었다. 임시정부에 후원금 지원, 이민
   2세들에 대한 국어 교육, 대한인국민회
   후원, 국내 동포에 대한 재해금 송금 사
   업 등을 펼쳤다.(1936년, USC 소장 / 크리
   스천 헤럴드 제공)

독립을 향한 비상

1920년 4월 27일 자 독립신문에는 '大韓이 처음으로 가지는 飛行家 六人'이라는 제목 아래 비행사 복장을 한 최초의 한인 조종사 6인이 비행기 앞에 나란히 서 있는 사진이 실렸다. 이어지는 기사는 '이들이 캘리포니아 레드우드의 비행학교를 1920년 2월에 마친 후 윌로스의 한인 비행학교에서 연구교수에 종사하는 사람이다', '이들 자랑스러운 대한의 청년들이 장차 독립군의 공군을 이끌 예정'이라는 내용을 담고 있었다.

사진 속 6인 비행가는 한장호, 이용근, 이초, 이용선, 오임하, 장병훈이었는데, 이들은 한동안 한국 최초의 조종사로 알려졌던 안창남보다도 1년 빠른 1920년에 하늘로 날아올랐다. 우리나라 최초의 비행사는 안창남이 아닌 미주 한인인 이들 6인이었다.

캘리포니아에서 항일 투쟁을 벌여온 노백린은 앞으로의 전쟁은 육군보다는 공군에 의해 좌우될 것이라는 판단 아래, 전투 비행 조종사들을 양성한다면 항일 무장독립 투쟁에 효과가 클 것이라고 생각했다. 이에 독립군 활동을 했던 위 6인을 캘리포니아의 레드우드 민간인 비행학교에 입교시켜 교육을 받게 한 뒤 이들로 하여금 후진을 양성하겠다는 계획을 세웠다. 교관이 확보되자, 노백린은 '벼농사의 왕(Rice King)'이라 불렸던 대농장주 김종림의 전폭적인 지원과 한인들의 성원으로 1920년 2월 20일 미국 캘리포니아주 클랜카운티 윌로스에 한인 전투비행사 양성학교를 세우게 된다. 교관으로 활동했던 위 6인과 비행학교 훈련생들은 '반드시 동경에 날아가 쑥대밭을 만들자'는 결의를 갖고 비행훈련에 임했다고 한다.

노백린, 최초의 한인 조종사 6인, 김종림 등은 1920년 이역만리 미국 땅에서 비행기를 이용해 항일 독립투쟁에 나서고자 했던 '하늘의 한인들'이었다.

최초의 한인 조종사 6인 : 1920년 4월 27일치 〈독립신문〉에는 이들의 사진과 함께 '대한이 처음으로 가지는 비행가 6인'이라는 기사가 실렸다.(독립기념관 소장)

1

1. **한인비행학교의 전경 :** 중가주의 레드우
   드에 있는 한인비행학교의 전경.(1920년,
   USC 소장 / 크리스천 헤럴드 제공)

2. **레드우드 비행단 오픈파티 :** 레드우드 비
   행단 오픈파티에 몰려든 구경꾼들.(1920
   년, USC 소장 / 크리스천 헤럴드 제공)

3. **레드우드 민간인 비행학교의 한인 학생
   들과 외국인 교관들 :** 레드우드 비행학교
   를 1920년에 졸업한 한인학생이 윌로스
   비행학교의 교관이 되어 한인 학생들을
   가르쳤다.(1920년, USC 소장 / 크리스천 헤
   럴드 제공)

2

3

1

2

미국가쥬 한인비행티 "로빅션장군지외하야

3

4

1. **레드우드 비행학교의 한인 학생들.**(1920
   년, USC 소장 / 민병용 제공)

2. **태극 마크의 비행기들** : 한인 비행사 양
   성학교의 훈련용 비행기들에 태극 마크
   가 뚜렷하다.(1920년, 크리스천 헤럴드 제공)

3. **한인 비행사 양성학교의 학생들** : 캘리
   포니아주 클랜카운티 윌로스에 설립된
   한인 비행사 양성학교의 학생들. 그 뒤
   로 보이는 비행기에 태극마크가 뚜렷하
   다.(1920년, 민병용과 USC 소장)

4. **한인 비행사 양성학교에서 비행 연습 중
   인 홍종만.**(1919년, 민병용 제공)

5. **'대한의 항공대'** : 한인 비행사 양성학
   교의 교관과 훈련생들은 연습용 비행기
   가 마련되자, 비행기에 태극 마크를 그
   려넣었으며 '대한의 항공대'임을 나타
   내는 K.A.C(Korean Aviation Corps)
   라는 글자를 적어넣었다.(1920년대, 민병
   용 소장)

6. **박희성의 비행조종사 자격증** : 박희성
   (1896~1937)은 1921년 4월 10일 미국
   정부 항공자격증을 따기 위해 레드우드
   비행학교에서 시험비행을 하던 중 추락
   사고를 당했다. 중상을 입긴 했지만 대
   파된 비행기 속에서 목숨을 건진 박희
   성은 미국 정부의 공식 비행사 면허증
   을 땄다. 1921년에는 대한민국임시정부
   의 육군 항공대 소위에 임관된다.(1921
   년, 민병용 제공)

5

6

미국대륙의 개척자

4

곳곳에 뿌리내린 한인사회

1902년부터 시작된 한인 사탕수수 노동자는 1905년 을사조약이 체결되기 전까지 7,000명이 넘었다. 이 가운데 약 900여 명이 한국으로 돌아갔고, 1,000여 명 이상은 샌프란시스코와 중가주, 남가주로 이주해 새로운 삶을 개척해 나갔다. 1920년대를 거치면서 한인사회는 샌프란시스코, 중가주를 거쳐 남가주에 이르기까지 삶의 기반을 확대해 나갔다. 이처럼 캘리포니아 지역은 하와이에 이어 초기 이민사회의 또 다른 중심지가 되었다.

또한 시카고와 뉴욕에는 초기 유학생 한인사회가 형성되기 시작했다. 1920년대를 지나는 동안 이민자들은 각 지역의 특성에 맞게 하와이와 중가주에서는 노동과 농사, LA와 시카고·뉴욕에서는 채소상이나 식당업 등의 장사를 하며 정착해 나가기 시작했다.

1

1. **주영한 부부의 식당 :** 오하이오주에 있는 주영한 부부의 식당으로, 정문의 양쪽 유리창에는 '우리는 일본을 배척한다'는 문구를, 식당 간판 밑에는 '중국과 한국은 당신들(미국인)의 지지를 원한다'는 문구를 영어로 붙여 놓았다.(1937년 8월 13일, 홍순경 소장 / 로베르타 장 제공)

2. **한인 잡화점 :** 안숙진(왼쪽)과 공지순 부부가 하와이 호놀룰루 차이나타운에서 'Mom and Pop'이라는 이름으로 연 잡화점.(1923년경, Inez Kong Pai Album / 로베르타 장 제공)

3. **한인 카네이션 농장 :** 안숙진과 공지순이 자신들의 소유인 하와이의 카네이션 농장에서 사진을 찍었다.(1937년경, Inez Kong Pai Album / 로베르타 장 제공)

4. **한인 청과상 :** 초기 이민자인 윤응호가 캘리포니아주 휘티어에서 경영하던 과일가게.(1925년, 민병용 제공)

2

3

4

1

2

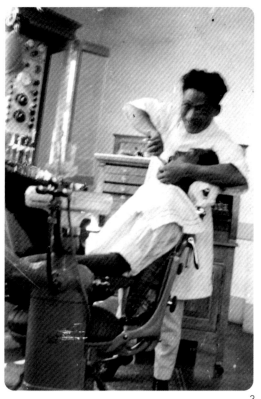

3

4

5

1. **야유회 풍경** : 하와이 마우이 감리교회 교인들의 야유회. 교회는 초기 이민자들에게는 같은 민족 사람끼리 만나 타향살이의 고달픔을 푸는 안식처이자 공동체의 구실을 했다.(1928년경, Mrs. Pun Cho YU 소장 / 이덕희 제공)

2. **시카고의 한인식당.**(1940년, 이덕희 제공)

3. **치과의사 애덤 리** : 치과의 자격증을 따기 전에 애덤 리는 농장에서 치과의사 일을 했었는데, 필리핀 노동자들 사이에서 인기가 높았다.(1930년경, Richard Lee and Annie Lee Tom Album / 로베르타 장 제공)

4. **캘리포니아주 베니스 비치에서 한인 이민 여성.**(1931년 7월 4일, 민병용 제공)

5. **캘리포니아주 할리우드가(街)의 한인 여성.**(1930년경, 민병용 제공)

1

2

3

1. **한미수교 축하 퍼레이드** : 한미수교를 축하하는, 캘리포니아주 리들리타운 퍼레이드에 나온 초기 한인사회의 꽃차.(1921년, 민병용 제공)

2. **캘리포니아주 클레어몬트 한인양성소 한인 학생 밴드부** : 클레어몬트에서는 1911년 10월 14일에 클레어몬트 한인양성소가 세워져 한인 학생들을 민족지도자로 양성했다. 양성소는 대한인국민회의 지원으로 클레어몬트신학대학원, 포모나대학 등이 있는 대학촌에 2층 건물로 세워졌는데, 학생들의 기숙사와 어린이들을 위한 한글학교로도 사용되었다.(1917년, 민병용 제공)

3. **캘리포니아주 클레어몬트 초기 한인교회 교인들** : 클레어몬트 지역의 초기 한인 이민자들은 주로 과수원 농장에서 일을 했다.(1916년경, 민병용 제공)

4. **최승희의 방미** : 한국의 저명한 무용가 최승희가 캘리포니아주 LA를 방문, LA윌턴 극장에서 공연을 가졌다. 최승희는 이해 뉴욕 브로드웨이 극장에서도 공연을 했다.(1938년, 민병용 제공)

5. **초기 이민자 박상순의 생일잔치** : 남가주에 학생들이 유학을 오고, 리버사이드와 클레어몬트 등에 초기 한인들이 과수원 농장 일을 찾아오기 시작하면서 남가주 지역에 한인사회가 형성되었다.(1925년, LA 중앙 도서관 소장 / 민병용 제공)

4

5

1

2

3

4

5

6

7

8

1. **유타주의 백명선 가족 :** 백명선은 1906년에 하와이를 떠나 유타주에서 기반을 잡을 때까지 캘리포니아를 거쳐 이 농장 저 농장을 옮겨다녔다. 사진은 유타주의 트레몬턴에서 사탕무 농장을 임대해 살던 때의 모습이다.(1922년경, Sonia 'Sunoo 소장 / 로베르타 장 제공)

2. **젊은 세대의 한인들 :** 사진 속의 몇몇은 하와이에서 다시 뉴욕으로 이주했다.(1921년경, 로베르타 장 소장)

3. **LA의 초기 이민자 박경신과 남편 박재형 :** 결혼 후 새 차를 산 기념으로 사진을 찍었다.(1920년대 후반, 민병용 제공)

4. **한선다 자매 :** 한선다 자매는 1920년대에 하와이에서 시카고로 이주했다.(1920년대, Henry Hyung-ju Ann 소장 / 로베르타 장 제공)

5. **LA 할리우드 볼 축제(Hollywood Bowl Pageant)에 참여한 초기 한인 이주민 여성들.**(1945년, 1918년, 민병용 제공)

6. **캘리포니아주 LA 빌트모아 호텔 앞에서 한인 이민 여성 메리 손(중앙)과 그 친구들.**(1949년, LA 중앙도서관 소장 / 민병용 제공)

7. **유타주에서 농사를 지을 당시의 백신구 목사 부부와 그 자녀들 :** 감리교 목사들 중에는 농장에 상주하는 목사와, 이 농장 저 농장으로 돌아다니는 순회목사가 있었는데, 백신구는 순회목사였다.(1925년, 민병용 제공)

8. **하와이 누와누YMCA 건물 앞에서의 한인 청소년들 :** 하와이의 한인 YMCA는 1913년 1월에 설립되었다. YMCA 회원들은 영어를 할 줄 아는 사람들로 구성되어 초기 이주 한인 1세들의 현지화에 노력했다.(1920년대, Tai Sung Lee Album / 로베르타 장 제공)

5

6

7

8

1

2

3

4

5

1

2

3

4

1. **모의결혼식** : 대한부인구제회가 주최한 기금모금행사에서 조선의 전통혼례 방식에 따라 모의결혼식을 하는 모습.(1921년, Bishop Museum 소장 / 이덕희 제공)

2. **〈춘향전〉** : 맥킨리고등학교에서 〈춘향전〉의 '사랑가'를 무대에 올리기 위해 연습하고 있는 장면.(1928년, Mary Hong Park Album / 로베르타 장 제공)

3. **한국의 옛 궁중의상을 입은 현순 목사** : 하와이에서 초기 한인 이민자들을 위해 이민 목회를 하는 목사였다. 현순은 인천 내리교회 존스 목사의 권유를 받고 하와이 사탕수수 농장 이민자 모집에 나섰다. 1903년 2차 이민단 길에 통역관으로 하와이 땅을 밟았다.(1930년대, 민병용 제공)

4. **새해 맞이 떡** : 새해를 맞아 한인들이 가래떡을 만들고 있다.(1952년, T. Samuel Lee 목사 소장 / 이덕희 제공)

5. **한문 공부** : 사진신부인 천연희는 영어로 토를 달아 자녀들에게 한문 공부를 시켰다.(이덕희 제공)

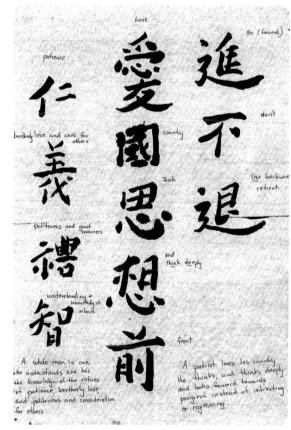

5

중가주 한인사회

미국 중가주 리들리는 포도를 비롯해 복숭아 · 오렌지 · 사과 · 수박 등의 과일 생산지로 매우 유명한 곳이다. 1920년 대부터 이곳에서는 한인 400~500여 명이 새로운 한인사회를 개척하고 있었다.

이곳에서 김호 · 김형순은 1920년 김형제상회(Kim Brothers Company)를 세우고는, 농산물 운송 및 위탁업을 하는 한편, 묘목사업과 넥타린(Nectarin)이란 특허 과일업을 함께 벌여나갔다. 특히 넥타린사업은 미국 전역에 배송할 만큼 호황을 누렸다. 한인 노동자들을 200여 명이나 고용할 만큼 캘리포니아 일대에서 가장 큰 과일농사를 지었던 김형제상회는 30여 년 동안 연간 100만 달러가 넘는 수익을 올릴 정도로 번성해, 재미 한인 최초의 백만장자의 탄생을 실현시켰다.

김호 · 김형순은 김용중 · 김원용 등과 인연을 맺게 되는데, 후일 이들은 '리들리 그룹(Reedley Group)'으로 불리며, 국민회의 중도개혁세력으로 자리 잡게 된다. 리들리 그룹은 막강한 경제력을 기반으로 미국 한인사회에서 가장 많은 독립운동을 지원하는 한편, 재미동포들과 유학생을 위한 육영사업과 문화사업에 전념하게 된다.

벼농사의 왕'이라 불린 대부호이자 윌로스 한인 전투비행 양성학교 설립에 재정적으로 크게 도움을 주었던 김종림의 지역 기반 역시 바로 이곳 중가주였다.

1

2

1. **3·1운동 기념 시가행진 :** 중가주에서 펼쳐진 3·1운동 기념식 중 시가행진.(1920년대, 크리스천 헤럴드 제공)

2. **이순기의 캘리포니아주 쌀농장 작업 모습 :** 1905년 하와이 사탕수수 농장으로 노동 이민 온 이순기는 배재학교를 졸업한 사람으로, 배재학교 선배가 되는 이승만이 조직한 동지회에 참여하기도 했다. 1948년 런던 올림픽과 1952년 헬싱키 올림픽 수영 다이빙 부문에서 미국 국가대표로 금메달을 딴 새미 리의 아버지다.(1912년 6월, LA 중앙도서관 소장 / 민병용 제공)

3. **3·1운동 1주년 기념식과 기념행진 :** 캘리포니아 중가주 지역 다뉴바에서 열린 기념식. 다뉴바에서는 1920년부터 매년 3·1운동 기념식을 열고, 시가행진을 벌여 미국사회에 한국이 독립국임을 알렸다.(1920년, 민병용 제공)

3

ST ANNUAL CELEBRATION
DECLARATION INDEPENDENCE DAY
DINUBA CALIF. U.S.A
MARCH 1920

중가주 한인사회   137

1

2

3

1. **중가주 다뉴바의 이순기(맨 오른쪽)** : 배재학교 선배인 이승만의 열렬한 지지자였던 이순기는 하와이에서 북가주와 중가주로 이주한 뒤 농사로 사업을 하기도 했다.(1920년대, LA 중앙도서관 소장 / 민병용 제공)

2. **중가주 농장지대에서 한인 2세들과 그 부모들** : 하와이 사탕수수 농장에서 출발한 미주 이민이 이후 샌프란시스코, 중가주, 남가주에 정착하면서 캘리포니아는 초기 이민시대의 중심지로 뿌리를 내려간다.(1930년대, 크리스천 헤럴드 제공)

3. **중가주 농장지대 딜라노의 한 가족** : 중가주로 이주한 초기 한인 이민자들이 독립운동 자금을 지원하면서 1919년부터 중가주 지역은 미주 독립운동에서 주요한 역할을 한다.(1948년, LA 중앙도서관 소장 / 민병용 제공)

4. **과일포장 작업장의 김형제상회 직원들** : 김형제상회는 배재학교 출신의 김형순과 이화학당 출신의 한덕세가 1916년에 시작한 과일 농장에, 김호가 합류해 1920년 설립한 과수농장, 묘목판매, 과일포장 수송의 사업체. 김형제상회의 사업이 크게 성공하면서, 김형순과 김호는 미주 한인으로는 최초로 백만장자의 대열에 올랐다.(1960년, 민병용 제공)

5. **농무부의 표창장을 받는 김형순** : 김형순(맨 왼쪽)이 특허 과일인 넥타린을 개발한 공헌이 인정되어 미국 연방 농무부의 표창장을 받고 있다.(1940년, 김운하 소장 / 민병용 제공)

6. **한시대와 부인 한영숙** : 유년 시절 하와이로 이주한 한시대는 1915년 캘리포니아주에서 사탕무 농장을 시작해 1950년에는 40만 달러에 이르는 한가기업회사(韓家企業會社)를 세워 재미 한인사업가로 성공한다. 그는 한인사회 및 대한민국임시정부에 재정 후원사업을 펼쳤다.(1941년, LA 중앙도서관 소장 / 민병용 제공)

7. **한시대의 캘리포니아주 딜라노 농장** : 모두 160에이커나 되었다.(1940년, 민병용 제공)

4

5

6

7

로키산맥의 한인 광부들

크리스천 헤럴드사에서 발행한 북미주한인이민역사 총서의 편찬위원이었던 이정면 박사(유타주립대 교수)는 지난 1995년부터 유타주를 비롯해 콜로라도주, 와이오밍주 등 미국 중서부 지역 로키산맥 일대에서 1800년대 후반과 1900년대 초기이민사 연구답사를 벌여 미국 서부대륙을 개척한 한국인들의 발자취를 찾아냈다. 그동안 미국이민사와 서부 개척사에서 거의 알려지지 않았던 '감춰진 한국인의 개척사'라고 할 수 있다.(《태평양을 가로지른 무지개》, 크리스천 헤럴드, 2006, p.102쪽 참고)

1

2

1. **탄광촌 :** 중서부의 탄광촌 모습.(1920년대, 크리스천 헤럴드 제공)

2. **탄광의 한인숙소 :** 와이오밍주 슈피리어 탄광에서 일하던 한인 광부들이 일본 광부들과 이웃해 살고 있었던 막사.(1906년 록스프링스, 밥 존스 소장 / 크리스천 헤럴드 제공)

3. **캐슬 게이트 광산 사고 :** 1924년 3월 8일에 발생한 유타주 캐슬 게이트(Castle Gate) 광산의 폭발사고 현장. 이 사고로 한인 광부 3명(이용선, 엄정철, 류공우) 등 170여 명이 숨졌다.(Western Mining & Railroad Museum 소장 / 크리스천 헤럴드 제공)

$300 in Gold
will be given to any and every one who solve the mystery of "The Red Symbol" now running in The News-Times Magazine. Read the story and win a prize.

News Ads Pay
The News reaches more Colorado homes than any other home paper. That is why we can guarantee results to those who use our small ad columns.

THE ROCKY MOUNTAIN NEWS

VOL. LI. NO. 32.   DENVER, COLORADO, TUESDAY, FEBRUARY 1, 1910.—14 PAGES.—PRICE 5 CENTS.   ESTABLISHED 1859.

Three Joy Riders Killed in Race With Tram Car; Two Women

80 MINERS ARE KILLED; ONE SAVED FROM PRIMERO SHAFT

AUTO TOSSED FROM TRACK TO TRACK

Morris Mayo; Fees Score, His Mind Affected by Death of Fiancee; Young Wandering About.

UNDER PHYSICIAN'S CARE AT AUDITORIUM HOTEL

Miss Virgil Gair, Mrs. Bertha Keating and ... A. Baker Are Ground to Death

PHOTOGRAPH OF THE LOWER PART OF THE TOWN OF PRIMERO, WHERE DISASTER OCCURRED YESTERDAY IN THE C. F. & I. CO.'S MINE.

BLAST BLOWS MEN TO BITS, AS PORTAL CAVES; 'REMEMBER CHERRY,' CRY OF RESCUERS

WOMEN PRAY FOR LOVED ONES

Heroes Brave Deadly After-Damp; Recover 24 Bodies; Many Others Believed to Be Alive; Inspector Hurries to Scene.

By A. R. Brown, Special Staff Correspondent.

(SPECIAL TO THE NEWS.)

PRIMERO, Colo., Feb. 1.—With a terrific roar and a shock that jarred the earth for miles, an explosion that carried death in its wake occurred in the Primero coal mine of the Colorado Fuel and Iron company yesterday afternoon, adding another to the list of horrible mining disasters in the last year. Of nearly 200 men at work in the mine, half that number are thought to be dead. Twenty-four dead bodies had been taken out up to an early hour this morning. Only one man, Dinoado Virgin, has been rescued alive, and his condition is such as to give little hope he will survive. Partially conscious, he cannot voluntarily re-relate the conditions within, that the rescuers might be guided in their work of searching for his unfortunate brothers. From the information obtainable it was regarded as a safe estimate that eighty men have perished, but it is believed the others will be rescued alive.

With the terrible events of the recent Cherry, Ill., coal mine catastrophe fresh in their memory, wives of the entombed men, hysterical under the tense strain of expectancy, sent up a pitiful cry, and wildly urged the party of rescuers to activity.

"REMEMBER CHERRY," SLOGAN OF RESCUERS

"REMEMBER CHERRY," they shrieked, as they huddled about in groups, frantically imploring the workmen, and hoping that each moment would bring word from within.

The night was heartrending. Scores of women, wives of the entombed miners, as soon as they learned of the disaster, ran madly to the scene, some of them with babes in arms, shrieking and sobbing, and turning aimlessly to anyone who happened to be standing ...

GLAVIS IS FIRM; GRILLING FAILS TO RATTLE HIM

MacLachlan Admits Members of Congress and Gov. Gillett,

3

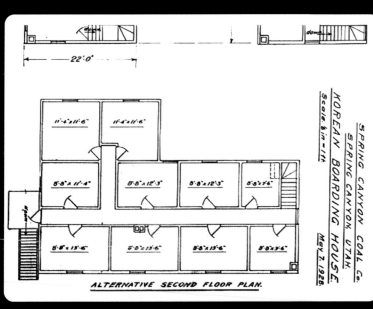

4

1. **한국인 광부 :** 와이오밍주 록스프링스 광
   산 갱도에서 1913년 9월 13일에 촬영한
   한국인 광부 모습. 30대 중반으로 보이
   는 한국인이 7번 남쪽 갱도에서 파낸 석
   탄더미를 보고 있다.(더들리 가드너 소장 /
   크리스천 헤럴드 제공)

2. **탄광사고 기사 :** 콜로라도주 프리메로 탄
   광 사고 기사가 1면에 실린 〈로키마운틴
   뉴스〉 신문.(1910년, 크리스천 헤럴드 제공)

3. **철도공사장 :** 와이오밍주 일대의 철도공
   사장. 상당수의 한인 노동자들도 이곳에
   서 일했다.(1906년, 록스프링스 박물관 소장
   / 크리스천 헤럴드 제공)

4. **한국인 막사 :** 유타주 스프링캐니언 탄
   광회사가 만든 '한국인 막사' 설계도. 영
   문으로 'Korean Boarding House'라
   고 쓰여 있다.(1928년 5월 8일, 유타 헬퍼
   철도박물관 소장 / 크리스천 헤럴드 제공)

세계평화를 위한 노력

많은 한인 초기 이민 및 미국에서 태어난 초기 이민 2세들은 제2차 세계대전 당시 미군으로 여러 전선에 나가서 '자신의 나라' 아메리카를 위해서 싸웠다. 많이 알려진 인물로는 독립운동가의 아들로 로스앤젤레스에서 태어나 제2차 세계대전에 참전해 미국과 프랑스·이탈리아 전선 등에서 전설적인 전쟁영웅으로 불린 김영옥 대령, 제2차 세계대전에 참전해 전투기를 몰고 하늘에서 전과를 올린 프레드 오, 태평양전쟁 때 미군으로 입대한 안창호 세 자녀인 수전 안, 필립 안, 랠프 안 등이 있었고, 태평양전쟁 당시 여군으로 입대한 한인 여성들도 있었다.

당시 초기 한인 및 이민 2세들이 '진주만 공격' 이후 미군으로 입대한 것은 태평양전쟁 등을 일본에 대항해 한국 독립을 앞당길 수 있는 기회로 생각한 것이었다. 이는 곧 세계의 평화와 인류의 자유를 위해 싸운 것이기도 했다.

1

2

3

KOREANS HAVE 163 STARS IN SERVICE FLAG
MAKE SPLENDID CONTRIBUTION TO U. S. ARMY

In the upper picture is the service flag of the Korean Association, carried in a recent parade, which bears 163 stars. Below is Sgt. Edward S. C. Lee, a Korean young man who has risen rapidly in Uncle Sam's military service.

1. **한인 병사들** : 하와이 쇼필드 바라크 소재 방위군에 소속된 한인 병사들.(1922년 10월 30일, Joel Pahk and Stephanie Han 소장 / 로베르타 장 제공)

2. **제이슨 리 가족** : 제1차 세계대전 당시 미군에 입대한 제이슨 리(왼쪽)와 그의 부친 및 아들.(민병용 제공)

3. **제1차 세계대전 참전용사** : 1919년 1월 11일자 하와이 일간지 〈Honolulu Star-Bulletin〉지는 제1차 세계대전에 참전한 하와이 한인 2세들이 163명이라고 보도하고 있다. 사진 속의 서전트 에드워드 리(한국명 이석조)는 미국군에 입대해 1918년에 미국시민권을 받은 최초의 한인이 되었다.(로베르타 장 제공)

4. **징집영장** : 미주리주의 차의석이 1918년에 받은 징집영장에서 신체검사에 합격되었음을 알리고 있다. 하지만 영장에는 그의 국적이 적국인 일본으로 되어 있다. 일본의 식민지였던 당시에 한국인이 일본 국적으로 인식되고 있었다는 것을 알 수 있다.(1918년경, Easurk Emsen Charr Album / 로베르타 장 제공)

4

1

1. **꽃차 퍼레이드** : 올아메리칸데이(All American Day)에 샌프란시스코 거리를 지나는 꽃차. '한국의 승리는 민주주의의 승리' 라는 문구가 붙은 이 꽃차는 해외한민족연합위원회 이름으로 출품되었다. 꽃차 가운데의 샌프란시스코 초기 이민자 양주은은 인삼상인이자 독립운동에 적극 참여한 인물이다.(1941년, 안형주 소장 / 로베르타 장 제공)

2. **샌프란시스코의 올아메리칸데이 퍼레이드에 나온 한인 여성들** : 한국의 독립을 외치며 시가행진을 하고 있다.(1942년 5월 10일, KoreAm Journal 소장 / 민병용 제공)

2

1

2

3

1. **태극기 게양 :** 제2차 세계대전에서 전쟁 승리를 염원하는 태극기가 국기게양대에서 휘날리고 있다.(1942년, USC 소장 / 크리스천 헤럴드 제공)

2. **항일시위 :** 롱비치항을 통해 일본에 고철을 수출하는 것에 반대하는 한인들의 거리시위.(1940년, USC 소장 / 크리스천 헤럴드 제공)

3. **진주만 공격 규탄시위 :** 남가주 초기 이민자들이 LA 일본총영사관 앞에서, 1942년 12월 7일 벌어진 일본의 하와이 진주만 공격을 규탄하는 시위를 벌이고 있다.(1941년 3월 1일, LA 중앙도서관 소장 / 민병용 제공)

1

4

2

3

1-2. 맹호군 사열식 : 하와이 진주만에 대한 일본의 공격으로 태평양전쟁이 일어나자, 1942년 초기 한인들은 캘리포니아주 민병대 소속의 맹호군(한인국방경비대)을 결성해 군사훈련을 받았다. 사열식 장면 그림(1942년, 독립기념관 소장)과 사진(1942년, 크리스천 헤럴드 제공)

3. 제2차 세계대전 때 초기 한인 1세로 구성된 맹호군.(1942년, 민병용 제공)

4. 제2차 세계대전에 참전한 프레드 오 : 프레드 오는 한인 초기 이민 2세로 제2차 세계대전에 전투사 조종사로 참전해 전공을 세웠다.(1943년, 민병용 제공)

5. 맹호군의 시가행진.(1942년, 민병용 제공)

6. 샌프란시스코 한인들의 맹호군 설립 축하연.(1943년, 민병용 제공)

5

Organization Banquet
COMPANY K—THE KOREAN COMPANY

6

1. 제2차 세계대전 당시 미군으로 참전한 안 창호의 세 자녀 : 왼쪽부터 랠프 안, 필립 안, 수전 안. 수전 안은 미 해군으로 입대 해 퇴역한 뒤에는 미국국가안전보장국에 서 활동했다.(1940년대 초, 수전 안 제공 / 민병용 제공)

2. 한인여군 : 태평양전쟁 당시 미국 여군으 로 입대한 한인 여성들.(1940년대 초, USC 소장 / 크리스천 헤럴드 제공)

3. 조나 리 : 하와이에 억류되어 있던 한국 인 포로들을 보호하고 상담하는 일을 맡 았던 조나 리가 한국의 시장에서 고모를 찾고 있는 장면.(Jonah Lee Album / 로베 르타 장 제공)

4. 하와이에 붙잡혀 있던 태평양전쟁의 한 국인 포로들.(Jonah Lee Album / 로베르 타 장 제공)

5. 포로귀환선 : 태평양전쟁에서 일본군에 배속된 한국인 포로들을 귀환시키고 있는 미군 함정. 당시 미군에 배속된 한인 서 전트 조나 리 등이 호송을 맡았다.(1945 년, Jonah Lee Album / 로베르타 장 제공)

6. 포로들의 루스벨트 대통령 추도식 : 태 평양전쟁 중 일본군에 있던 한국인 포로 들이 하와이 호놀룰루 포로수용소에서 한국으로 송환되기 전에, 루스벨트 미국 대통령 추도식을 거행하고 있다.(1945년, 미육군역사박물관 소장 / 로베르타 장 제공)

한인 클럽

한인사회가 성장하면서 2세대들이 20대에서 30대에 이르게 되자, 이들의 생활방식은 부모 세대들과는 다른 양상을 보이기 시작했다. 부모 세대들이 교회와 각종 단체를 중심으로 고국의 독립운동과 직접 관계가 있는 활동에 주력했다면, 이들 2세대들은 교회와 관계 없는 새로운 활동들을 전개하기 시작했다.

무엇보다도 2세대들 간의 친교 모임이 두드러졌다. 그중 가장 대표적인 것이 한인대학클럽(The Korean University Club : KUC)과 태극클럽(The Taekuk Club : TC)이었다.

하와이대학교에는 한인 여학생클럽인 보성회가, 1938년에는 하와이대학교 한인 남학생클럽인 백용회가 만들어지기도 한다. 이들은 2세대 간의 친목을 다지는 한편으로 한인의 정체성을 유지하기 위해 다양한 문화활동을 펼쳐나갔다.

1. **하와이대학교 한인 여학생 조직인 보성
   회** : 2004년 국내에서는 한글소설 〈홍
   길동전〉이 1930년대 초에 미국 하와이
   에서 '로터스 버드(Lotus Bud)'라는
   영어 희곡으로 번안되어 공연되었음을
   최초로 밝히는 논문이 발표되었는데, 바
   로 보성회가 1934년 한국문화를 소개하
   는 행사에서 이 영어 연극을 공연했던
   것으로 알려졌다. 보성회는 소식지도 출
   간했는데 그 원본은 현재 남아 있지 않
   다.(1934년, Marion Lyu Kim Album / 로베
   르타 장 제공)

2. **한인대학클럽** : 한인대학클럽은 1926년
   에 창설되었다. 정치적 목적이 아닌 친교
   를 목적으로 한 이 모임은 한인 1.5세대
   와 2세대로 구성되었다.(1936년경, Bryson
   Jhung and Roberta Chang 소장)

3. **한인대학클럽 관련 기사** : 하와이 호놀룰
   루에서 발행된 영자지 〈아메리칸 코리안
   뉴스(The American Korean News)〉에
   실린 한인대학클럽 관련 기사.(1941년,
   Mrs. Mary Choy Kang 소장 / 이덕희 제공)

This Issue is Respectfully Dedicated to the Korean University Club.

The American Korean

MRS. MARY CHOY KANG
433 Opihikao Pl.
Honolulu, HI 96825

114

Vol. XIII, No. 23   Honolulu, Hawaii   January 25, 1941 $1.00 Per Year

WHANG IS ELECTED PREXY OF KOREAN UNIV. CLUB, 1941

Joon Tai Whang, B. A. University of Hawaii '26, proprietor of Fort Shafter post tailor, was elected president of the Korean University club, succeeding Donald Kang at the club's annual election, Dec. 14. He is the 6th president of the six year old organization.

Other leaders chosen were Miss Margaret Kwon, vice president; Mrs. Elizabeth Nahm, recording secretary; Donald Kang, corresponding secretary; Charles Kang, treasurer; Manuel Kwon, auditor; Young Kee Kim, ways and mean chairman; Mrs. Mary S. Lee, membership chairman and Dr. Y. P. Kang, program chairman.

The new officers were formally installed at the club's annual banquet held at South Seas, Waikiki, January 10 evening. The retiring president, Donald Kang, reviewed accomplishments of the preceding year while the incoming leader, Mr. Whang, struck a note of optimism for the future of the club, promising to do his best to carry on the good work well begun.

Four other former presidents in-

Officers of the Korean University club for 1941. Standing left to right: Charles Kang, treasurer; Dr. Y. P. Whang, president; Donald Kang, corresponding secretary. Sitting, Mrs. Elizabeth Nahm, recording secretary and Mrs. Mary S. Lee, membership chairman. Not in picture: Manuel Kwon, auditor; Young Kee Kim, ways and means chairman and Miss Margaret Kwon, vice president.

SIX DANCHEI JOIN HANDS IN PLEDGE OF LOYALTY TO U.S.

With the lofty purpose of contributing their "widow's mite" to Uncle Sam's present national defense program, six major Korean organizations of Hawaii have joined hands for close cooperation and harmonious action.

The united front includes the Korean National association, Dongji Hoi, Dongnippdan, Sino-Korean peoples league, and the two ladies' relief organizations. Weekly meetings are held at the Miller St. hall on Sunday evenings.

Lee Won Soon is chairman of the new body with Henry Kim and Rev. Soon Hyun as vice chairmen, Warren Kim secretary, W. K. Ahn treasurer and the following gentlemen composing promotion committee: P. Y. Cho, Rev. C. H. Min, S. W. Sohn, Warren Kim and Henry Kim.

They serve as follows: S. W. Sohn, chairman of the finance committee; Rev. Min, chairman of relief committee; P. Y. Cho, chairman of training committee and Henry Kim, chairman of information committee.

To an executive body of 25 leaders selected from the six organizations

Ultimate Victory for China Looms Certain

Amid the swift changing war fortune and circumstances, gripping mankind in a daze of constant danger and uncertainties, one fact happily stands out as worthy of note: China, having gained three major powers as active allies, cannot now lose the war. Her

3

1

2

1. **형제클럽의 모의결혼식** : 하와이에서 한인 2세들을 위한 최초의 문화활동 클럽인 형제클럽은 황하수가 설립했다. 형제클럽 회원들이 황하수가 연출한 한국 전통 모의결혼식을 선보이고 있다.(1927년, Bishop Museum 소장 / 이덕희 제공)

2. **한국무용** : 형제클럽 회원들이 옛 호놀룰루 스타디움에서 한국무용을 추고 있다.(1930년대, 강영옥 소장 / 로베르타 장 제공)

3. **델타클럽** : 델타클럽은 교회나 정치적 제휴와는 관계없이 만들어진 순수 사교 모임으로, 하와이의 이올라니고등학교에 재학하는 한인 2세 남학생들이 주축이 되어 1922년에 설립되었다.(유원식 박사 소장 / 이덕희 제공)

4. **야유회** : 델타클럽 한인 회원들의 야유회.(1930년경, Mary Honh Park Album / 로베르타 장 제공)

3

4

1

2

1. **태극클럽의 간부들 :** 1933년에 결성된 태극클럽은 초기에는 사교 모임으로 시작했으나, 나중에는 자선사업과 문화활동을 하면서, 지역사회활동, 장학금 수여, 한국의 고아들을 위한 기금 모금 등의 사업을 펼쳤다.(1950년경, Mary Moon Han Album / 로베르타 장 제공)

2. **2·8클럽 :** 1930년대 한인사회에서 활동했던 2세들의 모임인 2·8클럽 회원들.(1930년대, 크리스천 헤럴드 제공)

3. **동안클럽 :** 1927년 하와이의 모쿨레이아(Mokuleia) 지역에서 창립된 동안클럽 회원들이 다양한 복장으로 창립 5주년 기념식을 하고 있다.(1932년, Alexander and Baldwin Inc. 소장 / 이덕희 제공)

4. **한미클럽 :** 하와이 지역에서 1925년에 창립된 청소년 조직인 한미클럽 회원들의 모습.(1935년, Mary Moon Han Album / 로베르타 장 제공)

3

4

손을 흔드는 사람들

● 성 석 제

2001년 가을, 미국에 가면서 반드시 가보리라고 했던 곳은 알래스카주에 있는 북미 대륙 최고봉인 매킨리산이었다. 해발 6,194미터, 만년설이 쌓여 있는 정상을 등정하려던 건 아니었다. 높아봐야 하늘 아래 뫼인 그 산봉우리 밑에서 며칠 곰처럼 어슬렁거리고 싶었다. 그러면서 어릴 적 놀던 고향의 갑장산처럼 매킨리산에도 정기가 있는지, 있다면 맛이나 좀 보고 싶었던 것이다.

그런데 막상 뉴욕의 누이 집에다 여장을 풀고 아는 사람이 소개해 준 여행사에 가서 예약을 하려고 하자 문제가 생겼다. 동포인 여행사 여사장이 내가 가려고 하는 곳의 환경이 너무나 열악한 데 비해 숙박비를 비롯한 여행경비는 미국인들의 은퇴 기념여행이나 다름없이 비싸다고 분개하면서 다른 데, 이를테면 같은 값으로 훨씬 호사를 할 수 있는 바하마군도나 하와이로 가라고 권유하는 것이었다. 말이 권유이지 철없는 아이를 타이르는 식이었다. 나는 일단 정중히 사의를 표시하고 나서는 내가 미국에서 가기를 원하는 곳은 오로지 산뿐이라고 했다. 그러자 그녀는 미국에 산이 달랑 매킨리 하나만 있는 게 아니고 헤아릴 수 없이 많으며 때론 '단체'로, 이를테면 로키산맥 · 시에라네바다산맥 · 애팔래치안산맥도 있으니 말만 하면 아무데나 골라서 보내줄 수 있다고 했다. 나는 오로지 매킨리산에 가기 위해요 몇 달 동안 한국에서 1,000미터 이상 고봉 아홉 군데를 오르내리며 단련을 해온 것이 아까워서라도 꼭 가야겠다고 하여 예약을 하는 데 성공했다.

집에 돌아와서 내가 그날 내가 한 일을 자랑하자 누이를 비롯한 온 식구가 입을 모아 "모르면 몰라도 알고는 그런 위험한 곳에 보낼 수 없으니, 그냥 동네 공원이나 다니면서 눌러 있으라"고 하는 것이었다. 귀국하는 길에 알래스카의 앵커리지에 기착하면 가까이 있는 매킨리산의 공기인지 정기인지 하는 것이야 공짜로 맛볼 수 있을 것인데 뭐 하러 비싼 돈 따로 내고 목숨 걸고 거기를 가느냐고 했다. 생각지도 않게 격렬한 반대에 봉착한 나는 말 그대로 근처의 공원에 가서 어정거리다가 서점 진열대에서 로키산맥 사진집을 발견했다. 나는 책을 대충 훑어본 뒤에 여행사에 전화를 걸었다. 동포 사장님은 내가 매킨리를 포기하겠다고 하고 나서 1분도 지나기 전에 '캐나다 로키산맥 단체 관광'으로 일정을 변경해 주었다.

그로부터 며칠 뒤 나는 누이의 전송을 받으며 뉴욕에서 서부의 시애틀로 가는 비행기에 올랐다. 비행기에서 만년설이 쌓인 산봉우리를 보며 매킨리가 저긴가 여긴가 헤아리다가 전혀 해당이 안 된다는 것을 깨달았을 쯤 비행기는 공항에 착륙했다. 한국에서 온 단체 관광객에 미국 현지에서 합류할, 나 같은 관광객을 실어갈 버스가 공항 입구에 기다리고 있었다. 관광 안내인이 곧 캐나다로 넘어가야 하니 각자 여권을 준비하라고 했다. 그런데 아무리 주머니를 뒤져도 여권이 없었다. 깜빡하고 뉴욕에 두고 온 것이었다. 시애틀 현지의 동포가 운영하는 여행사의 직원이, 여권은 택배로 보내달라고 하면 되니까 며칠 있다 다음 팀에 합류하라고 권유했다. 다행히 신용카드는 가지고 있어서 렌트카 회사에서 한국에서 내가 운전하던 차와 같은 차종을 색깔까지 같은 것으로 빌렸고 동포들이 많이 사는 공항 근처 호텔에 숙소를 정했다. 이렇게 되기까지 여행사 직원이 데리고 다니며 모든 것을 알아봐 주고 통역을 해주었다. 그저 무한정한 동포애로.

다음 날 호텔 뷔페에서 든든히 식사를 하고 사과를 두 개 집어 들어 소풍 채비를 마친 다음 나는 차를 몰고 남쪽으로 향했다. 호텔에서 주워 모은 정보에 의하면 150킬로미터쯤 남쪽에 만년설이 쌓인 레이니어산이 있었고 더 남쪽으로 가면 근년에 화산폭발이 일어난 세인트헬레나산이 있는 것으로 되어 있었다.

꼭 그 산까지 가려는 것은 아니었고 갈 수 있는 만큼 갔다가 올 생각이었다.

주변을 살필 겨를도 없이 일로매진 남으로 남으로 달려 레이니어산 중턱에 있는 등산로 입구까지 간 건 좋았다. 트래킹화 바람으로 질척하게 녹아내리는 눈을 밟으며 난생 처음 해발 2,100미터나 되는 높이의 산중턱까지 올라간 것이나, 뉴욕에서 거금 100달러를 들여서 산 매킨리 언저리 산책용 재킷이 제값을 한다는 뿌듯함을 느낀 것까지도 좋았다. 내려오던 사람들이 산 정상에 넋을 빼놓고 온 듯 지쳐서 앉아 있는 것을 남의 일이니 남의 일처럼 구경한 것도 나쁘지 않았다. 문제는 차의 기름이 거의 다 떨어졌다는 것이었다.

일단 가장 가까운 주유소로 가야 했다. 오던 방향의 반대방향으로 내려가는 산록도로에는 마주 오는 차들이 거의 없었다. 계기판의 바늘이 바닥에 딱 붙은 뒤로도 30분은 좋이 달리고 나서 간신히 주유소를 만나 안으로 들어갔다. 그때부터 다시 고민이 시작되었다. 도대체 어떻게 주유를 해야 하는지 알 수가 없는 것이었다. 주유소마다 종업원이 상주하는 우리네와 달라서 셀프서비스가 대부분인 미국 주유소에서는 품질에 차이가 있는 기름 중 어느 것을 골라야 하는 것부터 선불인지 후불인지, 지

불은 어디다 하는지, 주유는 어떻게 하는지 모를 일이 너무 많았다. 눈치껏 따라하면 될 일이지만 다른 손님이라도 있어야 따라할 수 있는 것이고, 안내문대로 하면 될 일이지만 어디 있는지도 모르겠고 하여 눈알만 바쁠 뿐 되는 일 없이 허둥거리고 있었다. 그때 은쟁반에 옥구슬 구르는 듯한 우리말로 "레버를 위로 올린 다음에 넣으세요" 라는 말소리가 들려왔다. 돌아보니 선녀가 구름 위에서 소리치는 것은 아니고 수수한 티셔츠 차림에 앞치마를 두른 여성이 가게를 겸한 주유소 사무실에서 나오고 있었다. 레이니어 공원 지역 전체를 통틀어 장사를 하는 한국인 가족이 단 둘인데 그 중 한 가게에 기적적으로 내가 들어간 것이라고 했다. 그 여성의 남편은 나무꾼처럼 수수하게 생겼으면서도 말투에 지성이 느껴지는 사람으로 내게 또 다른 한국인 가족이 레이니어산 아래서 산장을 운영하고 있다면서 오늘 묵을 곳이 정해지지 않았다면 그곳으로 가라고 전화번호와 위치를 가르쳐주었다. 나는 감사 인사를 하고는 날째게 달려 그 산장에 도착했다.

산장은 식당과 기념품가게를 겸하고 있었고 주인은 마음씨 좋게 생긴 50대 후반의 남자였다. 벽난로가 딸린 방갈로를 숙소로 정하고 식사를 했으며 꿩 대신 닭이라고 매킨리 대

돌아보니 선녀가 구름 위에서 소리치는 것은 아니고 수수한 티셔츠 차림에 앞치마를 두른 여성이 가게를 겸한 주유소 사무실에서 나오고 있었다. 레이니어 공원 지역 전체를 통틀어 장사를 하는 한국인 가족이 단 둘인데 그중 한 가게에 기적적으로 내가 들어간 것이라고 했다.

신 레이니어산의 정기를 만끽하며 어두울 때까지 맥주를 마셨다. 종업원은 모두 미국인이었지만 한국인 주인이 가까이 있는 한 주문을 하거나 의사표현을 하는 데 어려움을 느끼지 않아도 되었다. 여차하면 "아저씨, 여기요" 하고 부르면 될 테이니까. 넓디넓은 레이니어산 국립공원이 단 두 가구의 동포 덕분에 내 집 안마당처럼 느껴졌다. 다음 날 아침 산장의 주인은 세인트헬레나산으로 가는 길을 가르쳐주었고 그에 따라 주 경계선을 넘어가서도 안마당이라는 느낌은 계속되었다.

레이니어와 세인트헬레나, 두 산을 뒷동산처럼 가볍게 둘러보고 호텔로 돌아와 여권을 기다리고 있자니 구색을 갖추자는 것인지 바다가 보고 싶어졌다. 그날따라 호텔에서 제공하는 조식 뷔페가 맛이 없어서 빵 한 조각에 주스 한 잔을 마시고는 차를 몰아 바다로 향했다. 기왕 가는 바다, 올림픽반도의 외해인 태평양으로 잡았다. 전날의 교훈에 따라 주유소에서 기름을 가득 넣고 나서 도시 지역을 빠져나가자 차 보기가 사슴 보기처럼 힘든 도로가 이어졌다. 어떻든 한번 뽑은 칼, 썩은 무라도 베자는 심정으로 내쳐 가고 또 가니 결국 바다가 나왔다.

바다는 그저 바다일 뿐이었다. 모래밭에

주저앉아 보름 전쯤 떠난 고국이 있는 곳을 바라보는 것도 잠시, 또 배가 고파왔다. 이번에는 식당 비슷한 것도 보이지 않았다. 한여름에는 휴가를 오는 사람들 상대로 잠깐 장사를 하다가 시즌이 끝나면 피서객도 식당도 썰물처럼 빠져나가 버리는 동네 같았다. 버려진 천막과 버려진 놀이시설이 바람에 펄럭거리며 "너 지금 여기 잘못 들어왔다"고 말을 건네는 듯했다. 나는 마음에 좀 들지 않는다고 아침을 빵한 조각으로 때운 것을 후회하고 또 후회했다. 허기를 참을 수 없을 때까지 운전을 하다가 마침내 굶주림을 통역 삼아 썰렁하기 그지없는 동네에서 그나마 가장 큰 건물에 들어 있는 창고형 슈퍼마켓에 들어갔다. 선반 위에 물건은 별로 보이지 않고, 있는 물건에는 먼지가 쌓여 있었다. 백발의 백인 여성이 계산대에 앉아 십자말풀이를 풀고 있었고 손님은 나 하나뿐이었다. 아무리 봐도 비빔밥, 떡국, 김밥, 떡볶이, 냉면, 만두는 보이지 않아서 과자 몇 개를 골라 들고 한숨을 쉬며 계산대로 갔는데 갑자기 높은 선반 뒤에서 어떤 여성이 쑥 나오며 "한국에서 오셨어요?" 하는 것이었다. 나는 그렇다고 숨도 쉬지 않고 대답했다. 그 여성은 내 손에 들려 있는 쿠키며 비스킷을 보더니 점심 전이냐고 물어왔다. 그렇다고 하자 그녀는 내

그녀가 나를 포함, 가게 뒤의 집에 있던 어여쁜 두 딸과 잘생긴 남편 하여 세 식구에게 만들어준 요리는 고춧가루를 듬뿍 친 라면이었다. 나는 보물을 먹는 심정으로 그 라면을 먹었다. 그녀의 남편과 함께 마당에서 담배를 피우며 그들이 어떻게 해서 그곳까지 들어와서 살게 되었는지 이야기를 들었다.

손에 들린 것들을 도로 받아 원래 자리에 가져다 놓고는 나를 보고 따라오라면서 앞장을 섰다. 올림픽반도가 또 내 안마당이 되는 순간이었다.

그녀가 나를 포함, 가게 뒤의 집에 있던 어여쁜 두 딸과 잘생긴 남편 하여 세 식구에게 만들어준 요리는 고춧가루를 듬뿍 친 라면이었다. 나는 보물을 먹는 심정으로 그 라면을 먹었다. 그녀의 남편과 함께 마당에서 담배를 피우며 그들이 어떻게 해서 그곳까지 들어와서 살게 되었는지 이야기를 들었다. 한때 시애틀 인근에서 큰 호텔을 경영하기까지 했던 그들은 잘 모르고 처리했던 세금 문제로 세무당국에 된서리를 맞아, 가지고 있던 것을 하루아침에 모두 빼앗기다시피 했다. 그 뒤로 아무도 아는 사람이 없는 곳으로 들어왔다는 것이며 어떻든 바다 건너에 고국이 있다는 것을 해가 뜰 때마다 느낄 수 있다고 천천히 이야기했다. 나는 아는 사람도 하나 없는 벽지 동네에서 외롭지 않으냐고 하나마나한 질문을 했다. 그는 오히려 가족끼리 매일 붙어 있게 되어서 모든 관심을 서로에게 쏟으며 살게 되었노라고, 진정으로 가족이 나의 일부가 되었고 나 역시 가족의 일부가 된 것 같다고 대답했다. 마당에는 상추와 파, 고추, 들깨 같은 채소가 자라고 있었다. 그는 농약과 비료를 구할 수 없어서 자동적으로 유기농 농사가 되었고 식구들이 먹고도 남지만 줄 데도 없고 팔 수도 없어서 그냥 놔두고 있다고, 여유 있게 웃었다. 그 웃음은 올림픽반도를 일주하고 돌아오는 천리 길 내내 따라오며 난 혼자가 아니라는 느낌을 주었다.

마침내 여권이 도착하고 단체관광단을 따라서 캐나다로 넘어가고 나서 나는 캐나다를 안마당으로 느끼게 해줄 사람을 만났다. 관광객을 태운 버스가 일정표에 들어 있지 않은 낯선 지명의 한적하고 작은 도시에 멈추자 널찍한 단층건물 앞에 마중을 나와서 서 있는 초로의 부부가 보였다. 작은 읍에 식당이라고는 서너 개도 되지 않을 듯했는데 부부가 운영하는 식당은 일식과 양식을 겸하고 있었다. 원래 한식을 하지 않았지만 어쩌다 그 식당에 들르게 된 관광 안내인의 요청으로 집에서 먹는 식으로 불고기와 채소쌈 메뉴를 만들었다고 했다. 상추를 비롯한 채소는 모두 그 집의 앞마당에서 키우는 것이었다. 바구니에 담긴 상추쌈과 접시에 가득한 된장을 본 사람들은 환성을 질렀다. 나 역시 못 먹은 지 얼마나 됐다고 전에는 느끼지 못했던 불고기쌈의 갈망이, 밥과 김치와 된장에 대한 욕망이 끓어오르는 것

버스가 출발하려고 하자 부부는 다시 밖으로 나와 섰다. 안녕히 계세요, 하는 인사에 안녕히 가세요, 하고 일일이 대답하는 그들을 다시 볼 수 없을 것이라고 생각하니 문득 가슴 한구석이 뜨거워졌다. 나란히 서서 웃음 짓는 얼굴로 손을 흔드는 그들은 꼭 딸을 떠나보내는 친정 부모처럼 보였다.

이었다. 점심을 먹고 난 뒤 잠시 시가지를 거닐었다. 직사광선이 지배하는 한낮의 길거리에 움직이는 거라고는 아무것도 없었다. 하다 못해 기념품점조차 없었다. 겨우 가게를 찾아서 냉장고에 갇혀서 무기형을 살아온 듯 얼음처럼 차갑게 된 물과 맥주를 한 병씩 샀다.

다시 식당으로 들어가서 앉아 미소가 표정의 일부가 된 듯한 주인과 이야기를 할 수 있었다. 부부는 자신들이 전에 아는 사람이 아무도 없는 곳에서 20여 년 동안 숙박업을 했노라고 했다. 아이들을 키우고 교육시켜 모두 가정을 이루어 나간 후에 부부는 사람에 대한 사무친 그리움을 풀기 위해 도시로 나왔다. 하지만 너무 오래도록 외진 곳에서 살아서 그런지 사람들이 모여 사는 번잡스러운 곳에 적응하기는 쉽지 않았다. 그리하여 부부에게 알맞은 곳을 물색한 끝에 마침내 지금 그곳을 찾았노라고 했다. 관광객이라도 좋으니 때때로 한국 사람을 만나고 한국말로 이런저런 이야기를 나누는 것이 자신들에게는 보약이나 다름없노라고, 더 먹으라고 내게 다시 숟가락을 쥐어주는 것이었다.

버스가 출발하려고 하자 부부는 다시 밖으로 나와 섰다. 안녕히 계세요, 하는 인사에 안녕히 가세요, 하고 일일이 대답하는 그들을 다시 볼 수 없을 것이라고 생각하니 문득 가슴 한구석이 뜨거워졌다. 나란히 서서 웃음 짓는 얼굴로 손을 흔드는 그들은 꼭 딸을 떠나보내는 친정 부모처럼 보였다. 관광단 일행 중에는 딸로 보이는 사람이 없었음에도 불구하고. 그들은 진심으로 앞길의 평안과 한 사람 한 사람의 안녕을 기원하고 있었다. 그들이 보이지 않을 때까지 버스 안의 모든 사람이 손을 흔들고 흔든 것은 그 때문이었다.

나는 가방에서 맥주를 꺼내 뚜껑을 비틀어 열었다. 맥주를 마시기도 전에 코끝이 찡해졌다. 코끝이 찡해진 것을 감추기 위해 맥주를 따서 마신 것인지도 모른다. 그런데 왜, 그걸 감추려고 했을까?

성석제

1960년 경북 상주에서 태어나 연세대학교 법학과를 졸업했다. 1986년 《문학사상》 시부문 신인상으로 작품활동을 시작했고 1994년 소설집 《그곳에는 어처구니들이 산다》를 간행하면서 소설을 쓰기 시작했다.

시집에 《낯선 길에 묻다》, 소설집에 《내 인생의 마지막 4.5초》 《홀림》 《황만근은 이렇게 말했다》, 《어머님이 들려주시던 노래》, 짧은 소설 모음 《재미나는 인생》, 《번쩍하는 황홀한 순간》, 장편소설 《순정》, 《인간의 힘》, 산문집 《즐겁게 춤을 추다가》, 《소풍》 등이 있다.

격동기와 새로운 교류

5

해방과 한국전쟁

연합국에 대한 일본의 무조건적인 항복으로 일본의 식민지였던 한국은 독립을 얻었다. 한국의 국권 회복은 연합국의 승리와 더불어 국내외 한민족의 끈질긴 독립투쟁의 결과였다. 독립기금 마련, 외교활동, 군사활동 등을 통해 40여 년간 고국의 독립운동을 전개했던 재미 한인사회가 '나라 밖에서 나라를 찾은 기쁨'은 남다를 수밖에 없었다. 이제는 망국의 설움에서 벗어나 한시름 덜고 미국 땅에서 자신들의 한인사회를 건설하는 일에 주력할 수 있을 듯했다.

하지만 그 기쁨은 오래가지 못했다. 해방에 이어 곧바로 조국은 한국전쟁이라는 민족적 비극을 겪게 되면서 남과 북으로 갈리는 분단시대를 맞게 된 것이다. 조국의 불행은 쉬 끝나지 않았고, 그러한 조국을 바라보는 한인사회의 시름 또한 다시 깊어졌다. 한인사회는 고국에서 벌어지는 같은 민족끼리의 전쟁을 나 몰라라 할 수 없었다. 많은 한인들이 한국전쟁에 직접 참여했으며, 구호물자와 구제금을 모으는 일에 또다시 발 벗고 나섰다. 한국전쟁 휴전 뒤에는 전쟁으로 늦어진 조국의 재건과 민주주의 정착을 위해 적극 나서는 등 한인사회는 조국에 대한 관심의 끈을 잠시도 놓지 않았다.

1

2

3

1

2

3

해방조선

4

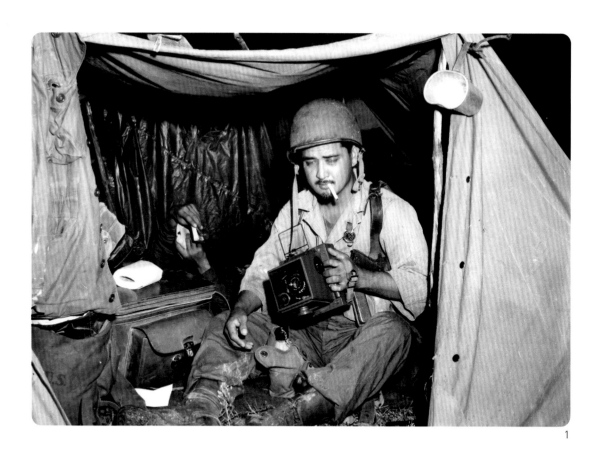

1

2

1. **종군 사진병으로 한국전쟁에 참전한 한국계 앨 장(Al Chang)** : 앨 장(Al Chang)은 제2차 세계대전부터 베트남전쟁의 전쟁사진들을 찍었는데, 한국전쟁의 사진보도로 훈장을 받기도 했다.(1953년경, Al Chang Photo / 로베르타 장 제공)

2. **한국전쟁에 참전한 한인 이민 2세 조기남(Ke Nam Cho)** : 어머니는 하와이 사진신부다.(1953년, Al Chang Photo / 로베르타 장 제공)

3. **한국전쟁 당시 한국으로 보낼 구호품을 싣고 있는 최운상 LA영사.**(1950년대, 민병용 제공)

4. **모국으로 보낼 구호품을 포장하고 있는 성공회 교인들** : 미주 한인들은 한국전쟁이 끝난 뒤에도 구호물자를 보내는 등 모국의 재건사업을 도왔다.(1956년, Dr. Samuel Lee 소장 / 이덕희 제공)

3

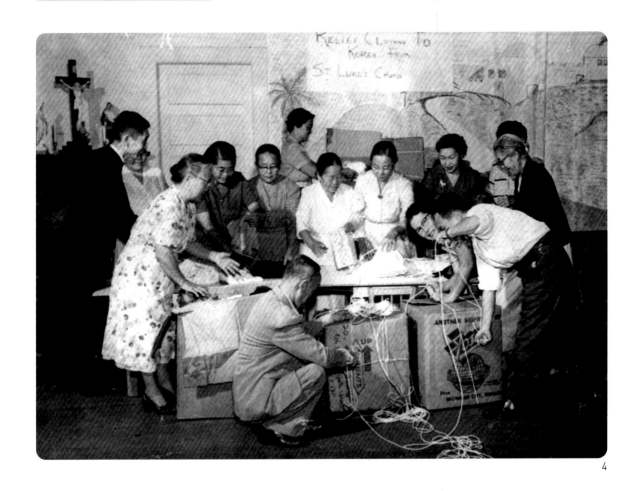

4

Vol. XLI   Los Angeles 7, California, Thursday, August 8, 1946   Whole No. 1999

PUBLISHED WEEKLY BY THE KOREAN NATIONAL ASSOCIATION

1

2

1. **한국전쟁 구제품 :** 한국전쟁 당시 미주 여러 지역에서 대한인국민회가 모은 구제품.(신한일보 소장 / 크리스천 헤럴드 제공)

2. **이재민 구호품 :** 한국전쟁으로 인해 생긴 모국의 이재민을 위해 미국 각지에서 구호품을 걷고 있는 모습.(1950년대 초, USC 소장 / 크리스천 헤럴드 제공)

3. **한국에 기증한 기관차 :** 미국 정부가 한국에 기증한 기관차를 LA의 롱비치 항에서 선적하고 있는 모습.(조병택 소장 / 크리스천 헤럴드 제공)

한인사회의 새로운 구성원

한국전쟁에 참전한 미군과 국제결혼을 한 여성들이 남편을 따라 미국으로 이민을 가고, 전쟁고아와 미혼모의 아이 등이 미국 가정에 입양되면서 초기 이민자 및 이민 2세 중심의 한인사회에 새로운 구성원이 유입된다.

미군과 한국인 여성 사이에 태어난 '전쟁 혼혈아'가 사회문제가 되자, 한국 정부는 그 해결책으로 해외 입양을 추진했다. 이후 한국인 전쟁고아의 해외입양도 이루어졌는데, 해외입양 초기에는 미국 입양이 가장 많았다.

한국 여성들이 미군과의 국제결혼으로 이른바 'GI 신부'들이 된 데는 무엇보다도 가난이 가장 큰 이유였다. 이 여성들은 가족과 친지들을 미국에 초청하기도 했는데, 초청이민자들이 생겨나면서, 한인사회는 양적으로 성장을 하게 된다.

이들은 미국사회로부터는 유색인종에 대한 차별을, 한인사회로부터는 혼혈아에 대한 차별을 받는 등 이중의 고통을 겪으면서도 한국의 문화를 미국에 알리는 등 한인사회의 성장에 한몫하게 된다. 또한 한국인 유학생 중에 영주권이나 시민권을 얻어 한인사회에 정착한 경우도 점차 생겨난다.

2   3

1. **한인 입양아 가족 모임** : 한인 입양아를 둔 미국의 부모들이 한자리에 모여 한국의 문화를 배우고 있다.(크리스천 헤럴드 제공)

2. **전쟁부인** : '전쟁부인'은 한국에 주둔하던 미군과 결혼한 한국의 여성들을 말한다.(왼쪽부터 찰스 리 부부, 앨버트 최 부부, 존 한 부부)(1948년, John Han Album / 로베르타 장 제공)

3. **입양 어린이와 미국 양부모** : 한국전쟁으로 인해 생긴 전쟁고아와 미혼모의 아이들이 미국 가정에 입양되면서 한인 사회에 새로운 구성원이 유입된다.(1950년대, 민병용 제공)

4. **홀트국제본부** : 홀트국제본부는 인종과 종교를 초월하는 인류애를 발휘해 한국전쟁으로 가정과 가족을 잃은 한국 어린이의 해외입양을 주도했다.(중앙이 홀트 여사).(한국일보 소장 / 크리스천 헤럴드 제공)

4

1

2

1. **국제결혼 자녀 :** 국제결혼을 한 마봉희
   의 아들 빌리(오른쪽)가 패션쇼에서 한
   복을 입고 재롱을 부리고 있다.(1974년,
   마봉희 소장 / 크리스천 헤럴드 제공)

2. **평화부인 :** '평화부인'은 하와이에서 태
   어난 한인 미군과 결혼한 한국의 여성
   들을 말한다.(1953년 3월 3일, Esther Lim
   Ome Album / 로베르타 장 제공)

3. **해당화클럽 :** 해방 후 평화부인들로 구
   성된 문화단체인 해당화클럽 회원들이
   한라 배 함과(뒷줄 가운데)와 자리를 함
   께했다.(1951년, 이덕희 제공)

4. **미국에 유학 온 한국 장교들 :** 한국전
   쟁 중 조지아주 공병학교에 유학 온 한
   국장교들.(1950년대, 최주봉 소장 / 크리스천
   헤럴드 제공)

3

4

1

2

3

1. **연세대학교 남가주 동문회 :** LA 잉글우드 다비공원 열린 연세대학교 남가주 동문회의 첫 야유회.(1965년, 민병용 제공)

2. **LA의 한인 유학생 :** LA 한인연합감리교회에 출석하던 한국의 유학생들.(1955년, 민병용 제공)

3. **이화여자대학교 남가주 동문회.**(1965년, 민병용 제공)

새로운 교류와 문화활동

해방과 한국전쟁이라는 격동기도 지나고, 한국인의 미국시민권 취득과 부동산 매매를 자유롭게 보장하는 새 이민법인 '매캐런-월터 이민법'이 1952년에 통과되면서 미주 한인사회는 한층 더 안정을 되찾을 수 있었다. 이제 한인사회는 고국과의 다양한 층위에 걸친 교류를 도모할 수 있었다. 특히 한국전쟁 이후 많은 유학생들이 미국으로 몰려오면서 한인사회의 구성원에도 새로운 변화가 일어났을 뿐만 아니라, 유학 후 고국으로 돌아간 이들에 의해 한국사회도 다양한 층위에 걸쳐 변화를 맞았다. 해방 이전에도 미주 한인사회는 우리말, 우리글을 가르치는 등의 활동을 통해 자신들의 문화적 정체성을 지키려는 노력을 게을리 하지 않았지만, 한국전쟁 이후로는 이러한 노력들이 보다 가시적으로 나타났다. 그러한 문화활동이 이주 1세대에게는 버릴 수 없는 운명과도 같은 것이었다면, 자라나는 2세대들에게는 다양한 인종이 공존하는 미국사회에서 자신들의 뿌리를 확인시켜 주는 작업이었다.

이승만 대통령과 하와이 교포들 : 하와이 교포들이 일제강점기 당시 하와이에서 조국의 독립을 위해 활동했던 이승만 대통령을 방문했다.(1959년, Mr. Donald Kim 소장 / 이덕희 제공)

1

2

3

4

1. **함태영 부통령(가운데)과 하와이 한인기독교회 교인들 :** 하와이 한인 이민 50주년 기념식에 참석하기 위해 하와이를 방문한 함태영 부통령이 한인기독교회를 방문했다.(1953년, Helen Choy 소장 / 이덕희 제공)

2. **대한인동지회 환영파티에 참석한 한국의 해군장병들 :** 하와이동지회는 1921년 이승만, 민찬호, 안현경, 이종관 등이 하와이 호놀룰루에서 조직한 독립운동 단체다.(1950년대, 민병용 제공)

3. **샌프란시스코 한국총영사관 건물 매입 축하연 :** 샌프란시스코총영사관은 1949년 영사관으로 개설되었다가 1950년 9월 총영사관(초대 총영사 주영한)으로 승격되었다. 사진은 캘리포니아주 샌프란시스코 한국총영사 건물 매입 축하연에 참석한 한인 유학생들과 한인들.(1956년 8월 12일, 민병용 제공)

4. **해군장병 환영식 :** 캘리포니아주 LA 한인연합장로교회에서 한국의 해군장병 환영식을 열고 있다.(1952년 3월 19일, 민병용 제공)

5. **LA를 방문한 한국 해군장병들과 초기 이민 2세.**(1950년대, 민병용 제공)

5

1

2

3

4

1. **어머니날 잔치** : 하와이 초기 이민 여성들이 조직한 여성 봉사단체의 제2회 어머니날 잔치.(1952년 5월 4일, 민병용 제공)

2-3. **아리랑가무단** : 아리랑가무단의 프리마돈나 권려성. 아리랑가무단(단장 김생려)이 1964년 미국 순회공연 중에 LA를 찾아 9월 9일부터 5일간 공연을 열었다.(1964년, 민병용 제공)

4. **백일잔치** : 하와이 한인 이주자들은 바쁜 이민생활 중에도 자녀를 위한 가족의 전통은 잊지 않았다. 하와이의 성공회에서 주관한 백일잔치의 모습.(1936년경, Dr. Jackie Young 소장 / 이덕희 제공)

1

2

1. **한라 배 함** : 배한라(1922~94)는 부산에서 태어나 5세 때 일본으로 건너가 배구자에게 춤을 배웠다. 하와이 이민자인 남편과 결혼을 한 뒤 이후 하와이를 중심으로 한국춤의 소개와 보급에 힘썼다. 1950년 하와이YWCA에서 한국춤을 처음 소개하고 1952년 처음으로 정식 공연을 가졌다. 1962년에는 미국 작곡가 앨런 호바네스의 작곡 · 대본으로 무용극 〈윈드 드럼 모음곡(Wind Drum Suite)〉을 발표했다. '한라 배 함'은 남편 성인 '함'을 따른 배한라의 미국 이름이다.(1950년, Dr. Alice Yun Chai 소장 / 이덕희 제공)

2. **한라 배 함과 그 제자들** : 하와이 호놀룰루 사우스킹 스트리트 1502번지에 '한라 배 함 한국무용학원(Halla Pai Huhm Korean Dance Studio, 원장 메리 조 프레실리)'이 있다.(1953년경, Dr. Samuel Lee 소장 / 이덕희 제공)

3. **하와이 초기 이민자 박충섭의 생일잔치** : 장구를 치는 이는 '장구 할아버지' 김필곤이다.(1950년, LA 중앙도서관 소장 / 민병용 제공)

4. **장구 할아버지** : '장구 할아버지'라고 불리던 하와이 초기 이민자 김필곤.(1965년, 민병용 제공)

5. **전통의상 패션쇼** : 하와이YWCA에서 한국 전통의상 패션쇼를 연 한인 이민들.(1958년경, 로베르타 장 소장)

3

4

5

미국에서 만난 교민들

● 은 희 경

몇 년 전 미국 서부의 한 도시에서 2년 동안 살 기회가 있었다. 그때 나는 막 일곱 번째 책을 출간한 뒤였다. 바쁘고 번거로운 생활에 지칠 대로 지친 시기였고 변화와 전환점이 필요했다. 남편과 나는 고등학생인 두 아이들의 반대를 무릅쓰고 미국행을 선택했다.

난생 처음 미국 땅을 밟은 우리 가족에게는 매 순간이 긴장과 두려움이었다. 집과 차를 마련하고 은행 계좌를 열고 아이들을 학교에 입학시키는 등 그 사회에 편입되는 과정 하나하나가 험난한 공부였다. 가장 큰 두려움은 물론 언어였다. 그러나 보다 근본적인 것은 사회의 시스템 차이였던 것 같다. 제 나라에서라면 성장과정에서 저절로 알게 되는 사소한 관습을 남의 나라에서는 일일이 배워나가야만 했기 때문이다.

슈퍼마켓에서 장 보는 일에조차 공부가 필요했다. 계산대의 점원이 "Paper or plastic?(종이봉투로 드릴까요, 아니면 비닐봉투로 드릴까요?)"라고 물을 때 어리둥절해지는 것은 물론이고, 의례적 인사말인 "Have a nice day!"를 알아듣지 못해 몇 번이나 정중하게 "Pardon me? Pardon me?"라고 되물어 본 적도 있다. 한국과 달리 선반에 진열된 물건은 멀찌감치 떨어져서 보고 골라야 한다는 것 역시 남의 카트에 몇 번 부딪친 다음에야 알게 되었다. 주차장에서 옆 차가 움직이고 있는 동안 차를 후진시켰다고 해서 "너희 나라에서는 그런 식으로 운전하나?"는 굴욕적인 비난도 들었다.

남의 나라에 사는 처지이니 사회적 신분이 낮은 것은 당연한 일일 것이다. 그럼에도 서럽고 위축감이 드는 건 어쩔 수 없었다. 그 사회의 일원으로 당당하게 살고 있는 교민들이 한없이 존경스러울 뿐이었다.

내가 만난 교민들은 대부분 50, 60대의 이민 1세대들이었다. 나로서는 남의 나라에서 삶의 터전을 일군 것 자체가 이미 뭔가를 이룬 삶이라고 여겨졌다. 그만큼 강한 분들이다. 그러나 생각이 유연하지 않으면 새로운 세계에 속할 수가 없었을 것이다. 한쪽에는 자신의 정체성에 대한 고집과 자존심을, 다른 한쪽에는 살아남아야 한다는 의지와 적응력을 키워나갔던 셈이다. 그분들 삶의 여정을 통해서 나는 한국인에 대해, 그리고 인간에 대해 많은 것을 배웠다.

농부 J 선생과의 등산기

J 선생은 교민신문사의 영업국 국장이다. 광고도 따오고 배급과 신문 판매대의 관리까지 도맡아 한다. 그러나 주변 사람들에게는 농부로 불린다. 그의 집은 미국 서부 도시의 주택가에 자리 잡고 있지만 뒷마당 안으로 들어서면 완벽한 한국 시골이라고 말할 수 있다. 먼저 손님들의 얼굴을 분간할 줄 아는 진돗개가 사납게 짖어대고 텃밭에는 깻잎·상추·열무 등 각종 한국 채소가 줄 맞춰 자라고 있으며, 한쪽에는 비닐하우스까지 모양을 갖췄다. J 선생은 회사 일을 마친 뒤 거의 모든 시간을 흙과 더불어 지낸다. 스스로 학창 시절 유명한 싸움꾼이었다고 소개하기를 즐기는 그는 학교에서 군대에서 부당하게 매질을 했던 선생이나 선임의 얼굴이 떠오를 때마다 저절로 삽질이 되어서 일의 능률이 오른다고 농담을 하곤 했다. 별다른 전문성이나 재산 없이 미국에서 자리 잡는 일이 쉽지는 않았을 것이다. 하지만 지금은 생활이 안정되고 딸 셋 모두 대학 공부를 마쳤으니 아내와 함께 단란하고 평화롭게 늙어가는 일만 남았다.

그와 함께 등산을 하는 일은 아주 즐겁다. 충청도 사투리로 풀어내는 J 선생의 구수한 입담이 끝이 없다. 황당하고 익살맞은 모험담이 펼쳐지는가 하면 생활에 필요한 정보를 조목조목 일러주기도 한다. 덕분에 난 미국의 시골 경매장도 구경하고 고사리와 송이버섯도 땄으며 방죽 뒤에서 도미 낚시도 경험해 보았다.

손끝이 야물어서 고급 옷의 수선 일을 하는 그의 아내는 음식 솜씨도 무척 좋다. 그의 집 텃밭에서 난 채소로 밥상이 차려지는 날은 인심 푸근한 시골 잔칫집 분위기다. 어느 날 그런 술자리에서 J 선생이 겪었던 끔찍한 사고 소식을 들게 되었다. 10여 년 전의 일이다. 늦은 밤 너무나 피곤한 나머지 J 선생은 차 안에 누워서 눈을 붙였다고 한다. 차 문을 부수고 들어온 흑인 소년들이 잠든 그를 차 밖으로 굴려 떨어뜨린 다음 차를 빼앗았다. 그리고는 길바닥에 내동댕이쳐진 그의 몸 위를 그대로 운전해 지나갔다. 엄청난 대수술이었고 J 선생이 기적적으로 깨어난 것도 보름인가가 지난 뒤였다. 법정에 나간 J 선생은 처벌을 원치 않는다고 흑인 소년들을 위해 탄원했다. 그애들이 청소년기의 충동적인 일탈로 인해 인생 전체를 망치는 건 원치 않았기 때문이다. J 선생은 그 흑인 소년들도 자신과 마찬가지로 그 사회의 약자라고 생각했다.

자신의 인생에서 가장 힘들었던 사건을 이야기할 때도 그의 얼굴에는 농담을 할 때처럼 온화하고 소탈한 웃음이 떠올라 있다. 고통

을 통해 부드러워진 사람만이 지을 수 있는 여유로운 표정이다. 험한 일로부터 시작하여 어엿이 미국 시민으로 정착한 자신감 덕분인지도 모른다.

'미국형 한국 할머니' 시카고 고모님과 '한국형 미국 엄마' C

내가 '시카고 고모님'이라고 부르는 할머님이 계시다. 사실 그분과 나는 아무런 연고도 없다. 만난 것도 두어 번뿐이다. 우리 가족에게 많은 도움을 주었던 유학생의 고모인데, 그분이 조카를 만나러 오신 길에 인사를 나누게 되었다. 내가 소설가라는 것을 알고는 조카의 방에 있던 내 책을 일부러 읽어보신 모양이었다. 나와 남편이 시카고 여행을 하려 한다고 말하자 그분은 대뜸 숙소를 제공하겠다고 하셨다. 딸네 집에 함께 살고 있지만 따로 고모님 소유의 노인 아파트를 한 채 갖고 계시다는 거였다. 젊은 나이에 혼자 몸이 된 고모님은 이민 간 딸을 따라 미국으로 건너간 뒤, 병원에서 일하는 사위와 딸 대신 두 손자를 거두어 키웠다. 미국사회에서 손자들은 사춘기를 넘기기가 쉽지 않았을 테고 부모와의 갈등을 겪었을지도 모른다. 하지만 언제 어느 때나 고모

법정에 나간 J 선생은 처벌을 원치 않는다고 흑인 소년들을 위해 탄원했다. 그애들이 청소년기의 충동적인 일탈로 인해 인생 전체를 망치는 건 원치 않았기 때문이다. J 선생은 그 흑인 소년들도 자신과 마찬가지로 그 사회의 약자라고 생각했다.

님은 전형적인 한국 모계의 무조건적인 사랑으로 한결같이 손자들의 울타리가 되어주었다. 이제 청년이 된 손자들은 "할머니, 저 지금 집에 갈게요" 대신 "할머니, 나 지금 올게 I'm coming"라고 미국식 표현의 서툰 한국말을 쓰지만 할머니에 대한 사랑만은 지극하다. 어디로 보나 한국 할머니와 한국 손자의 모습이다.

고모님은 노인 아파트를 스스로의 취향에 맞게 꾸며놓았다. 그릇장에는 예쁜 접시들이 들어 있고 벽에는 환하고도 소담스러운 안개꽃 정물화가 걸려 있다. 딸의 커다란 주택과 달리 작은 공간의 아기자기함과 단정함이 곳곳에 배어 있다. 책장을 둘러보니 불교 경전 옆에 '이상문학상 수상집' 같은 낯익은 소설책도 몇 권 눈에 들어온다. 칠순이 넘은 할머니의, 가족으로부터 독립된 '자기만의 방'이 주는 느낌은 버지니아 울프의 것만큼이나 각별했다.

그 아파트에는 한국 노인들이 적지 않았다. 그분들은 아침 산책으로 호숫가를 함께 걷기도 하고 낮에는 수영이나 골프를 즐긴다. 다운타운으로 쇼핑을 나가거나 또 인디언들의 카지노에 가서 값싸고 맛있는 식사를 하면서 크루즈 여행 계획을 짜기도 한다. 대학 부설의 사회교육센터에서 강의를 들으며 갖가지 교양

을 쌓는 것도 빼놓을 수 없는 즐거움이다. 고
모님은 이 모두가 미국의 복지정책 덕분에 가
능하다고 자신이 사는 사회에 대한 덕담을 잊
지 않는다.

고모님이 만들어 내는 음식은 갈비찜이
나 잣국수 등 모두 다 경상도 양반가의 것들이
다. 고모님은 알 만한 명문가의 종가에서 태어
난 만큼 태도나 말씨에 기품이 엿보인다. 솟을
대문 안의 정갈한 안채 마루에서 모시옷에 부
채를 부치고 있으면 어울릴 모습이다. 그러나
재즈와 피자의 도시 시카고 외곽에 자리 잡은
노인 아파트에서 불경을 읽고 있는 고모님의
모습도 어색하진 않다. 자신의 삶을 긍정하는
포용력이 품격을 부여하는 것일까. 그 모습이
옹이 박힌 세월의 고비를 충분히 감싸안은 듯
하여, 나는 긴 이국생활에서 피할 수 없었을
회한이나 고독에 대해 끝내 여쭤 보지 못했다.
고모님은 이렇게 대답하셨을지도 모른다. 한
국의 어머니이자 한국의 할머니로서 살아왔고
그것이 구심점이 되어 가족들이 서로 사랑하
며 살게 된 것, 그것이 바로 자기 자신의 행복
이라고.

그런 한국 엄마의 모습을 나는 또 미국 중
산층의 젊은 주부 C에게서도 본다.

나는 긴 이국생활에서 피할
수 없었을 회한이나 고독에 대해
끝내 여쭤 보지 못했다. 고모님은
이렇게 대답하셨을지도 모른다.
한국의 어머니이자 한국의 할머니
로서 살아왔고 그것이 구심점이
되어 가족들이 서로 사랑하며 살
게 된 것, 그것이 바로 자기 자신의
행복이라고.

한국에서 미술대학을 졸업한 C는 재미교포 2세인 치과의사와 결혼했다. 처음엔 부부 동반 파티에 나가면 영어를 잘 못하니 쉴 새 없이 웃음을 짓고 있어야 했다. 얼굴 근육에 통증이 오는 것은 물론 집에 돌아와도 한동안 입이 잘 다물어지지 않을 정도였다. 남편의 적극적인 도움을 받으며 영어 공부를 했는데 대학입시 때 그렇게 열심히 공부했더라면 미국으로 시집올 일도 없었을 거라고 농담을 한다. 스스로 선택한 인생에 애정과 자존심을 갖고 노력한 덕분에 지금은 미국에서 돈을 벌지 않아도 되는 중산층 전업주부의 대열에서 손색 없는 아내이자 엄마가 되었다.

그녀의 하루 일과는 온통 네 명이나 되는 아이들의 교육, 그리고 남편 뒷바라지에 바쳐진다. 가정밖에 모르는 남편 또한 세 아들과 함께 축구를 하고 요트를 타느라 언제나 얼굴이 검게 그을려 있다. 고급주택가의 호숫가 집에 살고 있지만 처음부터 여유가 많았던 것은 아니다. 한국형 엄마 C의 알뜰하고 검박하고 야무진 살림 솜씨의 공이 크다. 이민 1.5세인 남편은 한때 한국과 자신을 어떻게든 떨어뜨려 생각하고 싶었던, 겉은 노랗지만(황인종) 속은 하얀(백인) '바나나' 시절이 있었지만 지금은 아니라고 고백한다. 한국말이 자연스럽지 않은 그이지만 아이들에게 한글을 가르치고 또 자주 한국 여행을 하게 한다. 아이들은 물론 한국을 아주 좋아한다. 여자들이 편하게 산다는 미국까지 가서 왜 굳이 헌신적인 한국형 엄마의 팔자를 자청했느냐고 C에게 물을 수 있을까. 행복한 미국 주부 C는 아름답다.

S 교수 댁의 개방적이면서 신랄한, 지적이고도 다감한 저녁식사

S 교수 댁의 초대는 언제나 즐거운 일이다. 바다에 떨어지는 올림픽산맥의 노을을 구경할 수 있는 전망 좋은 집. 연어 스테이크와 게찜과 갈비 바비큐 같은 성찬들. 초대된 손님들과 나누는 정치, 경제, 사회, 문화 전반에 걸친 즐거운 대화. 무엇보다 주인인 S 교수 부부의 열린 생각들, 그리고 한국식 정情에 미국식 후의가 섞인 넉넉한 분위기가 좋다.

손님들은 주로 한국에서 온 교환교수들과 교민사회의 지식인들이다. 신변잡기에서부터 시작한 대화가 한국과 미국을 주제로 한 갖가지 고담준론으로 발전하다 보면 자정을 넘기기 일쑤다. 누군가가 한국사회의 변화속도가 엄청나게 빠른데 한국인으로서 자신의 정체성은 이민을 떠나왔던 한국의 1970년대에

머물러 있다고 자탄한다. 또 다른 누군가 미국의 지식인 사회에 진입한 것이 작지 않은 성취라고 대답한다. 그러다 보면 표면적으로는 기회균등을 내세우지만 유색인을 메인 스트림안으로 들여보내 주지 않는 미국사회의 폐쇄성에 대한 이야기도 나온다.

젊은 교환교수가 자기가 아는, 한 미국인 교수의 아들에 대해 말한다.

"공부도 잘하는데 대학을 안 갔대요. 식당 아르바이트만 하면서 그 돈으로 인라인 스케이트만 즐기며 살겠다고요. 아버지도 아들의 선택을 존중하더라고요. 한국 같으면 어림없는 얘기죠."

"이 사회의 주류들이니까 그런 선택을 할 수 있는 거죠. 우리 같은 아웃사이더들이 미국사회에서 허드렛일 안 하고 살기 위해서는 공부밖에 없어. 그러니 촌스럽지만 할 수 없이 하버드다 스탠포드다 눈에 불을 켤 수밖에요."

그런 대화를 들으며 나는 점점 생각의 균형을 잡아간다. 그리고 들을수록 그분들의 개방성과 통찰과 유머에 반하게 된다. 한국의 1970년대 정치 현실이 싫어 스스로 떠나온 분들에게 왜 신랄함이 없겠는가. 청춘과 재능과 지성을 이국땅에 쏟았으니 회한 또한 왜 없을까. 뿌리를 내린 미국사회에 대해 우호적일 수

도 있지만 인정할 것은 인정하되 치우치지 않으며, 오히려 때로 용기 있게 싸웠다는 걸 나는 들어서 알고 있다. 그 균형 감각이야말로 미국이란 사회에서 수없이 많은 순간 자신의 정체성을 고민하고 자기 자신을 객관화해야만 했던 그분들의 긴장된 삶의 거름이 아니었을까. 그분들의 진정한 지성 앞에 마치 막혀 있던 어려운 문제를 풀었을 때처럼 머릿속이 다 시원해지곤 한다.

물론 교민사회에서 좋은 모습만 본 것은 아니다. '대충'주의로 넘어가거나 '잔머리'를 굴리려다 신뢰와 기본을 중시하는 미국사회에서 망신을 당하는 모습도 보았고, 동포사회에서 서로 돕지 못할망정 패가 갈려 이권다툼에 매달리는 모습도 보았다. 눈속임을 통한 편법, 으레 공공질서를 지키지 않는 창피한 모습도 종종 보았다. 어느 휴양지에는 한국인들이 금지된 장소에 하도 쓰레기를 버리는 바람에 '쓰레기를 버리지 마시오'라는 한국어 팻말이 있을 정도였다. 아무리 외진 장소라고 해도 골프장이나 유원지에서라면 교민을 만날 수 있다, 그러나 음악회나 전시회나 책방에서 교민을 찾기란 거의 불가능하다는 말도 들었다.

나는 겨우 2년을 미국에서 살았을 뿐이

다. 우리 가족이 살았던 도시는 미국 전역을 통틀어 차별이 가장 적은 지역이었다. 그 경험만으로 이민사회에 대해 말한다는 것은 너무나 어리석고 위험한 짓이다.

더구나 미국처럼 거대한 나라는 우리나라 사람의 감각으로 파악하기 힘든 지점에 있다고 여겨진다. 어머니의 품 같은 산천이 아니라 인간을 압도하는 절대자연. 우리나라는 아무리 벽지라고 해도 두어 시간만 나오면 도시가 있지만 미국은 지도의 몇 페이지가 아무런 구조물 없이 도로로만 이루어지는 괴물 같은 나라다. 우리처럼 서로 부대끼며 미운 정 고운 정을 함께하는 다감한 민족이 그 땅에서 마치 섬처럼 떠밀려 온 존재의 고독감을 이겨내기란 쉽지 않을 것 같다. 미국의 황량한 시골을 여행하다가 몇 시간 만에 발견한 외진 인디언 마을의 주유소, 그 주인이 한국말을 할 때 내 가슴에 북받치던 뜨거움을 잊을 수가 없다. 언젠가 이민 20년째라는 40대 후반의 사업가가 내게 했던 말이 떠오른다.

"이젠 한국보다 미국이 훨씬 편하고 좋아요. 제 생활이 여기 있고 어느 정도 성공도 했으니까요. 하지만 한국에서와 달리 여기서는 말이 통하는 친구를 만나기가 어려워요. 그게 제일 외롭죠."

그때 나는 왜 이런 농담으로 대꾸하지 못했을까. 그럼 우리가 세계 정복을 해서 전 세계를 죄다 한국으로 만들어버릴까요? 라고. 실은 제 나라에서 고독한 사람도 많다고 말하고 싶었지만 말이다.

은희경

1959년 전북 고창에서 태어나 숙명여대 국문과, 연세대 대학원 국문과를 졸업했다 1995년 《동아일보》 신춘문예 중편 부문에 〈이중주〉가 당선되어 작품활동을 시작했다. 2002년부터 시애틀 워싱턴주립대학 객원연구원으로 2년 동안 미국 생활을 경험했다.
장편소설 《새의 선물》, 《마지막 춤은 나와 함께》, 《그것은 꿈이었을까》, 《마이너리그》, 《비밀과 거짓말》, 소설집 《타인에게 말걸기》, 《행복한 사람은 시계를 보지 않는다》, 《상속》 등이 있다.

'아메리칸 드림'을 넘어서

6

이민 자유화의 물결

1965년 미국에서 새로운 이민법인 '하트—셀러법(Hart—Celler Act)이 발표(1968년 7월 1일 시행)되면서, 한국인의 미국 이민은 새로운 전기를 맞게 된다.

'하트—셀러법'의 주요 내용은 1924년 이민법과는 달리, '국가별·인종별 할당제'를 폐지하고 가족관계와 직업 기술에 따라 이민을 수용한다는 것이었다. 이 법으로 아시아와 남아메리가 사람들의 미국 이민과, 연고자에 의한 초청이민, 전문직 기술 이민이 대거 이루어지게 되었다.

이 법 이후로는 미국에 먼저 이민해 시민권이나 영주권을 받은 사람이 한국에 있는 가족이나 친지를 초청하는 '초청 이민'과, 미국이 필요로 하는 기술을 가진 사람들의 '취업 이민'이 주로 이루어졌다.

1976년까지 계속된 이 법으로 1965년 이후 한 해 동안 한국에서 매년 2만여 명이 미국으로 이민을 갈 수 있게 되어 미국 이민자들의 수가 크게 늘어나게 되었다.

1

1. **새 이민법 통과 후 열린 좌담회 :** 새 이민법인 하트—셀러법이 통과한 후 열린 한인들의 좌담회 광경. 할당제의 폐지를 골자로 하는 이 법으로 태평양 연안의 동양 국가에서도 연 2만 명이 미국으로 이민할 수 있게 되었다(종전에는 연 100명). 이 이민법으로 1976년 이민법이 개정되기 전까지, 미국 연고자에 의한 초청 이민과 전문직 기술이민이 주류를 이루게 되면서, 한인사회는 양적으로 크게 성장한다.(1965년 12월 7일, 민병용 제공)

2. **새로운 이민 세대 :** 외화 획득을 위해 미주에 건너온 한인 간호사들이 RN 시험에 합격한 뒤 가관식을 하고 있는 모습.(1960년대, 남가주한인간호사협회 소장 / 크리스천 헤럴드 제공)

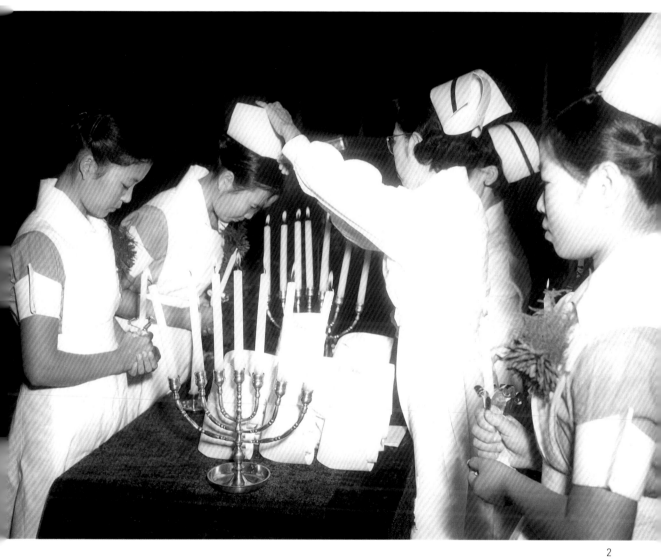

2

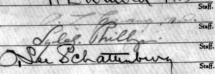

3

1. **하와이의 간호학교 졸업증명서** : 1929
   년 7월 5일에 하와이의 한인 이주자 한
   살로메가 취득한 간호학교 졸업증명
   서.(1929년, Mrs. Salome Choi Han 소장 /
   이덕희 제공)

2. **자격증 시험 대비 강의** : 미국 간호사
   자격증 시험을 치르기 위해 강의를 듣
   고 있는 한인 간호원들. 1965년의 새
   이민법으로 의사, 약사, 간호사 등의 전
   문직과 자동차 수리공, 용접공 등의 기
   술직 이민이 점차 늘어나게 된다.(1974
   년, 민병용 제공)

3. **최초의 한인 RN** : 최초의 한인 간호사
   가 된 황(최)선희. 남가주 한인간호원회
   초대 회장을 역임했다.(1959년, 최희만 소
   장 / 크리스천 헤럴드 제공)

4. **가발상점에 진열되어 있는 가발들** : 가
   발상점은 1960년대에 미국으로 이민을
   온 한인들이 많이 해온 사업이다.(1960
   년대, 민병용 제공)

4

1

2

3

4

1. **한인 채칼장수 :** 벼룩시장에서 한인 채
   칼장수가 장사하는 모습.(1970년대, 차순
   애 소장 / 민병용 제공)

2. **한인 가방장수 :** 벼룩시장에서 한인 가
   방장수가 장사하는 모습.(1970년대, 차순
   애 소장 / 민병용 제공)

3. **무역업을 하는 임채길 :** 임채길은 1971
   년에 하와이로 홀로 이주했다.(사진
   Robin Lee / 로베르타 장 제공)

4. **가족의 재회 :** 임채길의 가족은 임채길
   이 하와이로 온 2년 후인 1973년에 하
   와이에서 재결합했다. 부인 임옥정은 호
   텔 서비스 보조로 일하면서 가족의 수
   입을 보조했다.(사진 Robin Lee / 로베르
   타 장 제공)

5. **임채길의 가족 :** 임채길의 가족은 하와
   이로 이주해서 경제적으로 힘든 시기를
   거쳤지만, 10여 년이 지난 후 가게와 부
   동산까지 소유한 안정된 가정을 꾸리게
   되었다.(1985년경, Henry Chai Kil Album
   / 로베르타 장 제공)

5

1

2

3

4

5

한인사회의 성장

1965년의 미국 신이민법 이후 한국에서 건너오는 이민자들이 급격히 많아지면서 미국의 한인사회는 다시 양적 성장을 이루게 된다. 이와 더불어 미국의 각 지역에서 한인회와 한인단체 등을 조직하면서 한인사회는 내실 있는 성장을 위해 노력하게 된다.

사탕수수 노동 이민자들에 의해 미국 땅에 뿌려지고, 이민 후손 및 새로운 이민자들에 의해 키워진 한인사회의 씨앗은 드디어 열매를 맺게 된다. 한인사회가 미국사회에서 '코리안 커뮤니티'로서 자리를 확실하게 차지하게 된 것이다.

여기에는 이민 1세들의 경제적 안정과 자식에 대한 높은 교육열, 조국의 경제적 성장 등이 한몫했다. 특히 교육의 혜택을 충분하게 받고 자라난 2세들이 미국의 경제계·문화계·정치계·스포츠계 등 미국의 주류 사회에 진출해 미국사회에 기여함으로써, 한인사회는 다른 미국 이주 민족보다 더 빠르고 안정되게 커뮤니티를 꾸릴 수 있게 되었다.

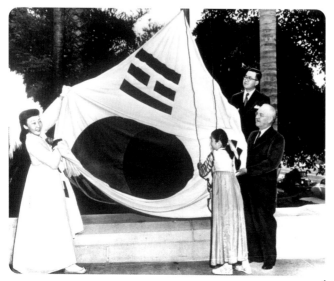

1

1. **LA시청의 3번째 태극기 현기식 :** 최운영 영사와 송철 부인 로즈 여사 그리고 LA시장이 태극기를 올리고 있다.(1951년 8월 15일, 크리스천 헤럴드 제공)

2. **1차 현기식 :** LA 시청 앞에서 한인들이 참석한 가운데 처음으로 태극기를 게양하는 장면.(1942년 8월 29일, 크리스천 헤럴드 제공)

2

1

2

CENTENNIAL ACTIVITIES

3

4

5

1. **태권도, 미국 속의 한국의 얼** : 1962년 이준구 사범이 워싱턴D.C.에 태권도장을 개설한 이래로 태권도는 미국에서 한국을 대표하는 스포츠로 자리매김되었다. 사진은 1970년대부터 시카고 지역에서 태권도를 보급해 온 한차교 사범의 태권도장의 단원들.(1970년대, 크리스천 헤럴드 제공)

2. **LA시립도서관 차가 코리안퍼레이드에 나온 모습.**(1970년대 후반, 민병용 제공)

3. **한미수교 100주년 선언문 및 기념사업들** : 1882년에 조미수호통상조약이 체결되면서 한국과 미국은 1982년에 수교 100주년을 맞았다.(1982년, 민병용 제공)

4. **LA 웨스턴가의 한인회관.**(1975년, 민병용 제공)

5. **한국미술 오천년 미국 순회전** : 1979년부터 1981년까지 미국의 주요 8개 도시에서 순회전을 가졌다.(민병용 제공)

6. **한미은행의 LA 올림픽 블러버드 본점 기공식** : 한미은행은 1982년 재미 한인 교포들의 자금으로 설립된 은행으로 미국 내 한국계 최대 은행이다. 한국씨티은행이 2004년 인수한 국내의 한미은행과는 무관한 은행이다.(1982년, 민병용 제공)

6

한국일보사 주최로 열린 윤복희, 윤항기 초청 남가주 위문공연 장면.(1975년 LA 앰버서더 호텔, 크리스천 헤럴드 제공)

1. **불법체류자 사면** : 불법체류자 신분으로 오랫동안 한국의 가족과 생이별하면서 미국에서 살아온 김규남이 레이건 행정부의 불법체류자 사면정책으로 부인 윤정순을 초청, LA공항에서 상봉하고 있다.(1988년 6월, 크리스천 헤럴드 제공)

2. **서울올림픽 축하 꽃차 행진** : LA 한인상공회의소가 제99회 로즈퍼레이드를 맞아 꽃차를 출품했다. 로즈퍼레이드는 매년 1월 1일 캘리포니아주에서 열리는 장미꽃 축제다.(1988년 1월 1일, 민병용 제공)

3. **도산 안창호 광장 명명식** : 제퍼슨가(街) 밴뷰런의 대한인국민회관 앞거리가 LA시에 의해 도산 안창호 광장(Dosan Ahn Chang Ho Square)로 공식 명명되었다. 목도리를 한 왼쪽의 여성이 안창호의 딸인 수전 안이다.(1994년 2월 4일, 민병용 제공)

4. **남가주한국학교의 이사, 교장, 교사들** : 교사 증축 기금 마련 디더파티 후 기념사진을 찍었다.(1983년, 민병용 제공)

5. **한국의날 축제** : 캘리포니아주 디즈니랜드에서 처음으로 열린 한국의날 축제에서 한인들이 미국인들에게 부채춤을 선보이고 있다.(1986년, 민병용 제공)

4

5

1

2

'아메리칸 드림'을 넘어서

1. **한인미인대회 :** 하와이 호놀룰루에서 열린 한인미인대회.(1953년, The Koreans in Hawaii 소장 / 크리스천 헤럴드 제공)

2. **남가주 미스코리아 선발대회 :** 가운데 앉아 있는 이성희가 남가주 미스코리아 진(眞)에 뽑혔다.(1975년, 민병용 제공)

3. **제27회 미스 뉴욕 선발대회.**(2003년, 한국일보 소장 / 크리스천 헤럴드 제공)

3

1

2

1. **2002년 한일 월드컵 당시 한국과 터키의 3, 4위 결정전 응원 모습** : 2만 여 한인들이 LA 스테이플스센터에 모여 한국을 응원하고 있다.(2002년, 민병용 제공)

2. **2002년 한일월드컵에서 한국을 응원하는 한인 젊은이들.**(2002년, 민병용 제공)

3. **김창준 의원 당선(왼쪽에서 3번째)** : 1990년 4월 10일 캘리포니아주 다이아몬드바시(市) 시의원에 당선된 후 후원회 사람들과 환호하고 있다. 김창준은 1992년 11월에는 미국 연방 하원의원(공화당)에 당선되었다. 캘리포니아주 첫 시의원은 초기 이민 2세인 앨프리드 송이다.(민병용 제공)

4. **가든그로브시 시의원에 출마한 정호영 후보를 위한 모금 파티** : 정호영은 시의원에 당선된 후 가든그로브시(市) 부시장까지 지냈다.(1992년, 민병용 제공)

5. **정트리오** : 미국에서 한국인 음악가로 큰 명성을 얻었다. 왼쪽부터 지휘자 정명훈, 바이올린 연주가 정경화, 첼로 연주가 정명화.(민병용 제공)

6. **영화배우 필립 안(1905~78)** : 도산 안창호의 장남으로 300여 편의 영화와 TV드라마에 출연했다. 1984년에는 할리우드 '명성의 거리(Walk of Fame)'에 이름을 올렸다.(민병용 제공)

3

4

5

6

1

2

3

1. **미국의 공직에 진출한 인사들 :** 한미연합회 주최로 열린 회의 후에 기념사진을 찍었다.(1994년, 민병용 제공)

2. **한인 1.5세 및 한인 보좌관들 :** 1992년 LA 4·29사태 이후 그 숫자가 크게 늘고 있다. 여기에는 초기 한인 이민자들의 자녀에 대한 높은 교육열이 한몫하고 있다.(2002년, 민병용 제공)

3. **전신애 미 연방노동부 여성국장(차관보급)의 취임선서 :** 일레인 차오 노동부장관(맨 왼쪽) 앞에서 선서를 하고 있다. 옆은 전신애의 가족들이다.(2001년, 민병용 제공)

4. **LA경찰아카데미 과정(6개월)을 통과하고 졸업한 한인 경찰관들.**(민병용 제공)

5. **미주 한국일보사가 선정한 이민 100주년 영웅 9명의 새해 인사 :** 2003년 1월 1일 캘리포니아주 LA 인근 패사디나 제114회 로즈퍼레이드에 출품된 꽃차에 타기 전에 손을 흔들어 새해 인사를 하고 있다. 왼쪽부터 박찬호(한국인 최초 미국 메이저리거 야구선수), 새미 리(올림픽 다이빙 부문 2연속 금메달리스트), 소피아 최(CNN 전국 네트워크 헤드라인 뉴스 메인 앵커), 김영옥(육군 예비역 대령), 폴 신(신호범, 워싱턴주 상원부의장), 태미 정 류(정영은, 캘리포니아주 첫 한인 여성판사), 로널드 문(문대양, 하와이주 대법원장), 이경원(미주언론 개척자), 홍명보(축구선수)다.(2003년, 민병용 제공)

4

5

이철수 구명운동

이철수는 1973년 샌프란시스코 차이나타운에서 일어난 중국인 갱단 살해사건의 용의자로 체포되어 1974년 물증도 없는 재판에서 종신형을 선고 받는다. 이후 1977년 복역 중에 다른 수감자를 정당방위로 살해하는 사건으로 1979년에는 사형을 선고 받는다.

이후 1982, 83년에 두 살인사건에 대해 각각 무죄평결, 사형판결 무효 결정이 내려진다. 사형수였던 이철수는 1983년 3월 28일 10년간의 옥중생활을 마치고 석방되었다.

'이철수 사건'은 재판 기간 동안 이철수 구명위원회가 만들어지고 구명기금이 조성되는 등 미국사회에 큰 반향을 일으키면서 1970년대 소수민족 인권운동의 상징이 되었다.

1. **이철수 석방운동의 주역들** : 왼쪽부터 레너드 와인글래스 변호사, 유재건 이철수구명후원회장, 이경원 〈새크라멘토 유니언〉 기자, 레너드 탈먼 관선 변호사 다.(1979년, 민병용 제공)

2. **이철수 무죄를 위한 피켓** : 이철수의 무죄 판결을 위한 한인들의 바람이 피켓에 잘 나타나 있다.(1980년대, 크리스천 헤럴드 제공)

1

1. **승리축하 파티 :** 승리축하 파티에 모인 한국계, 중국계, 일본계 미국인들이 '이 철수 무죄'라는 미국 TV 방송 특보를 전하며 함께 환성을 올리고 있다.(1983 년, 크리스천 헤럴드 제공)

2. **모자의 재회 :** 10년의 옥살이에서 풀려 나온 이철수가 어머니 이미례와 감격의 포옹을 하고 있다.(1983년, 크리스천 헤럴 드 제공)

조국의 민주화를 위한 노력

조국의 독립, 한국전쟁 후 한국사회의 재건에 힘썼던 한인사회는 1970, 80년대에는 조국의 민주화를 위해 다시 한 번 힘을 모으게 된다. 조국 독립에 보여주었던 초기 이민자들의 열망과 헌신적인 노력을 발판 삼아, 이번에는 새로운 이민자들이 국내의 계속된 독재정권에 맞서 힘을 한데 모은 것이다.

한인사회는 박정희 독재정권의 장기 집권과 너무나 짧았던 '서울의 봄'을 보내고 맞은, 1980년 광주민주화운동 이후의 암울한 조국의 현실을 외면하지 않았다. 이민으로 몸은 떠나왔어도 조국의 문제는 곧 자신의 문제, 한인사회의 문제라고 이민자들이 인식했기 때문이다.

조국의 민주화를 위한 단체 결성, 구속 민주인사 및 양심수의 석방 촉구, 시국선언문 발표, 민주화 지원 기금 마련 등 한인사회는 조국의 민주주의를 위해 다양한 방면으로 지속적인 활동을 펼쳤다.

1

1. **조국민주회복남가주국민회의 창립총회.**
   (1975년, 크리스천 헤럴드 제공)

2. **조국민주회복남가주국민회의 시위 :** LA
   총영사관 앞에서 '박정희는 물러나라',
   '김대중을 석방하라' 등의 피켓을 들고
   '명동선언' 관련자들의 석방을 요구하고
   있다. 명동선언(3·1민주선언)은 1976년
   명동성당에서 열린 3·1절 기념 미사와
   기도회에서 윤보선, 김대중, 함석헌 등
   각계 각층의 지도급 인사들이 발표한 민
   주구국선언을 말한다. 이후 한국 정부는
   정부전복을 선동했다는 혐의를 씌워 재
   야 인사들을 대거 구속한다.(1976년, 민병
   용 제공)

3. **백악관 앞에서 시위 :** 박정희 군부독재
   시절 한국의 인권 회복과 구속자 석방을
   위해 재미한국인권투쟁위원회가 백악관
   앞에서 시위를 벌이고 있다.(1977년, 고세
   곤 소장 / 크리스천 헤럴드 제공)

1

2

1

2

1. **5·18광주민주화운동 무력진압 반대시위** : LA 한인들이 '동포들은 갈망한다. 조국의 민주화를', '민주 회복, 독재 타도' 등의 피켓을 들고 올림픽 블러버드에서 시위를 벌였다.(1980년, 민병용 제공)

2. **고국의 검찰이 5·18광주민주화운동 무력진압 책임자를 불기소한 데 항의하는 시위** : LA 한인들이 LA 총영사관 앞에서 '유신잔재 물러가라', '총구는 이북으로'라는 피켓을 들고 시위를 벌였다.(1980년, 크리스천 헤럴드 제공)

3. **전두환 대통령 미국 방문 시 시위** : 전두환 대통령이 LA를 방문했을 때 반정부 인사들이 숙소 앞에서 전두환 대통령의 허수아비를 끌고다니며 규탄시위를 벌이고 있다.(1981년, 크리스천 헤럴드 제공)

4. **민주통일운동 탄압저지대책위원회 발기모임** : LA의 국제서울 공원에서 김완흠 발기인 대표의 개회사로 시작된 대회에서 참석자들이 한국 정부의 민주통일운동 탄압 및 건국대 농성학생 강제해산 등을 규탄하고 있다.(민병용 제공)

3

4

1

2

3

1. **조국의 민주화를 위한 시위** : LA 한인사회 지도자들이 LA 올림픽 블러버드에서 태극기를 들고 행진하며 시위를 벌이고 있다.(1987년 6월 22일, 민병용 제공)

2. **윤이상의 칠순잔치** : 음악가 윤이상의 칠순잔치가 LA 한국회관에서 열렸다. 왼쪽에서 네 번째가 윤이상.(1990년, 김충자 소장 / 크리스천 헤럴드 제공)

3. **미주동포들의 국민화합대행진** : 미주동포 60여 명이 고국을 방문해 1개월여 동안 목포에서 판문점까지 전국의 도청 소재지를 돌며 지역감정 해소를 바라는 대행진을 벌였다. 해외동포협의회가 주최한 행사였다.(1960년 6월 12일, 민병용 제공)

4. **종교계의 남북교류** : '제2차 조국통일을 위한 북과해외동포 기독교신자 간의 대화'가 1982년 12월 3~5일까지 핀란드 헬싱키에서 열렸다.(1982년, 이세방 소장 / 크리스천 헤럴드 제공)

5. **북한에 쌀 보내기** : 금강산국제개발(대표 박경윤)과 고려문화센터(관장 이광덕 목사)가 북한에 쌀 보내기를 위한 기자회견을 홍콩에서 갖고 있다.(1990년 6월 29일, 민병용 제공)

6. **북한에 밀가루 보내기** : 미국 장로교 대표들의, 북한에 밀가루를 보내기 위한 모임.(1987년, 구경옥 소장 / 크리스천 헤럴드 제공)

4

5

6

1

2

3

4

5

코리아타운

코리아타운은 한국 이외의 국가에 있는 한국인 밀집지역 또는 한국인 상업지구를 뜻하는데, 그중에서도 LA 코리아타운이 최대 규모를 자랑한다. 1965년 이민자의 출신국별·인종별 제한규정을 완화하는 개정 이민법으로 한국에서 미국으로 대거 이민의 물결이 흘러들고, 1972년 4월 서울–LA간 비행 노선이 열리면서 LA는 미국 내 한국인 이민자들의 문화적·경제적 중심 사회로 떠오르기 시작했다.

이후 올림픽가(街)를 중심으로 한인들의 상권이 하나둘 생겨나면서 '미국 속의 한국', '서울특별시 LA구' 라 불리는 코리아타운이 형성되기 시작했다. 1970년대 이후 이민자 중 많은 사람들이 LA 코리아타운에서 직장과 주거지를 잡고 첫 이민생활을 시작했다.

1974년부터는 LA 코리아타운 한복판에서 '한국의날' 을 열고 올림픽가에서 코리안퍼레이드를 해오고 있다. 한국의날은 해외에서 열리는 한인 축제 가운제 최대 규모라 할 수 있다.

1992년 '4·29사태' 와 93년 LA대화재, 94년 LA대지진은 코리아타운에도 인명 피해 및 막대한 경제적 손실을 입혔다.

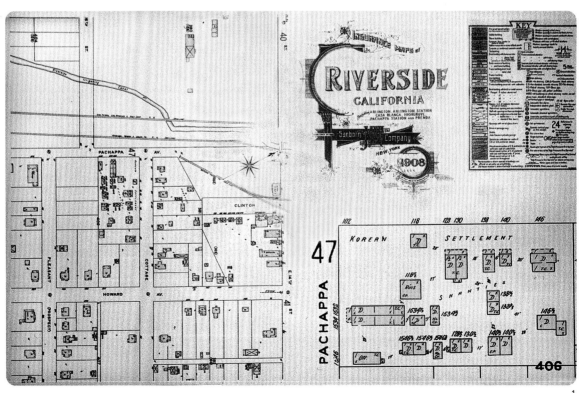

1

2

3

1. **한인촌 지도 :** 1904년 당시 캘리포니아 리버사이드 지역에 존재한 '한인촌'을 수록한 미국 샌본 보험회사 지도.(UC리버 사이드대 소장 / 크리스천 헤럴드 제공)

2. **LA 코리아타운 첫 공식표지판 제막식 :** 김명균 LA 한인회장과 톰 프레들리 LA 시장이 참석한 가운데 올림픽가(街)와 버몬트가 교차로에서 열렸다.(1981년 8월 22일, 민병용 제공)

3. **LA 코리아타운 표지판 :** 위쪽 작은 사진은 프리웨이 입구에 세워진 표지판이다.(민병용 제공)

1

2

3

4

1. **올림픽가(街)의 영빈관(V.I.P. Palace) :** 한국을 상징하는 건물로 이희덕가 30만 달러를 들여 1973년 오픈했다.(민병용 제공)

2. **LA 중심부에 위치한 윌셔가(街) :** 코리아타우의 한가운데를 동서로 가로지르는 주요 도로로 즐비한 고층빌딩에는 많은 한인 업체들이 입주해 있다.(민병용 제공)

3. **LA 올림픽가에서 열린 제1회 코리안퍼레이드 :** 한국일보 꽃차가 지나고 있다.(1974년 11월 3일, 민병용 제공)

4. **〈신한민보〉에 보도된 태평양전쟁 기간 중의 코리안 퀸 퍼레이드.**(1943년, 크리스천 헤럴드 제공)

4 · 29사태

1991년 3월 3일 새벽 미국 L.A. 과속혐의로 붙들린 로드니 킹이라는 흑인 청년이 백인 경관 4명에게 무차별 집단 구타당하는 사건이 일어났다. 이 장면은 한 시민에 의해 비디오로 촬영되어 다음 날 TV를 통해 전 세계에 알려졌다. 비디오에는 81초 동안 백인 경관들이 로드니 킹을 56회나 곤봉으로 때리고 발로 걷어차는 장면이 고스란히 실려 있었다.

LA 검찰은 백인 경관 4명을 '치명적 무기를 이용한 공격', '과다한 무력사용' 등의 혐의로 기소했다. 그러나 이듬해인 1992년 4월 29일 배심원단이 피소된 경찰관 4명에게 무죄 판결을 내리자, 흑인들은 거리로 뛰쳐나와 폭력과 방화, 약탈, 살인으로 자신들의 인권이 침해당한 데 대한 분노를 표출했다. 평소 심한 인종차별을 받아오던 흑인들의 분노가 한순간에 폭발한 것이었다.

4 · 29사태가 있기 1년 전, 로드니 킹 사건이 일어나고 2주 뒤인 1991년 3월 16일, 오렌지주스를 훔쳐 달아나는 15세의 흑인 소녀 나타샤 할린즈를 제지하려던 가게 주인인 한인 두순자가 할린즈에게 심하게 구타를 당하다 우발적으로 총을 발사해 할린즈를 죽게 한 사건이 일어난다. 두순자는 정당방위가 인정되어 그해 11월 집행유예로 풀려나게 된다.

이 문제는 '그대로' 일단락되는 듯하다가 1992년 4 · 29사태가 일어나자 다시 미국 언론에 의해 '의도적으로' 불거져 나오게 된다. 흑인들의 봉기가 일어나자, 미국 언론은 1년 전에 일어난 '두순자 사건'을 편파적으로 왜곡 보도함으로써 미국 백인사회의 뿌리깊은 인종차별과 흑백갈등으로 촉발된 4 · 29사태의 본질을 '한흑갈등'으로 흐리기 시작한 것이다.

4 · 29사태가 발생하고 흑인들이 코리아타운을 공격하자, 미국의 언론들은 이번 사태가 흑백 인종갈등에 따른 미국 사회의 구조적 모순에 기인한 것임에도, '한흑갈등'이 그 원인인 양 사태를 왜곡 보도했다. 이는 결국 로드니 킹 사건으로 불만에 가득 싸여 있던 흑인들로 하여금 한인들에 대해 보복행위를 하고 코리아타운의 상가에 대한 방화, 약탈행위를 저지르게 만들었다.

이로써, 로드니 킹 구타 경관의 무죄 평결이 도화선이 되어 4월 29일부터 5월 6일까지 계속된 4 · 29사태의 최대 피해자는 '엉뚱하게도' 백인이 아닌 코리아타운 내의 한인들이 되어버렸다. 흑백 인종갈등에 따른 미국사회의 고질적인 사회구조의 모순을 한인사회가 고스란히 떠안은 셈이 된 것이다.

4 · 29사태로 한인사회는 안타까운 인명 피해 및 막대한 경제적 손실을 입었지만, 이제는 다른 소수민족 또는 타민족과 화합하는 지혜를 마련해야 한다는 큰 교훈을 한인사회에 안겨 주었다.

1. 《LA 타임스》에 실린 '두순자 사건' 기사.(1991년, 민병용 제공)

2. 두순자의 재판 광경.(1991년, 크리스천 헤럴드 제공)

3. 흑인 주민들의 불매운동 : 두순자 사건으로 흑인사회가 한인들에게 반감을 갖게 되면서, 흑인들이 LA 한인마켓 앞에서 불매운동을 벌이고 있다.(1991년 6월, 크리스천 헤럴드 제공)

4. 흑인들이 항의시위를 벌이고 있는 중에 박태삼 부부가 가게 문을 열고 있는 모습.(1991년 7월 17일, 민병용 제공)

1. **화염에 휩싸인 코리아타운** : 1992년 4월 29일 LA에서 발생한 흑인 주민들의 폭동으로 쇼핑몰이 모여 있는 코리아타운에 불길이 치솟고 있다.(강형원 소장 / 크리스천 헤럴드 제공)

2. 4·29사태 때 피해 한인들을 돕기 위해 나섰다가 총격을 받고 숨진, 당시 18세의 **이재성**.(1992년 5월 1일 새벽, 민병용 제공)

3. **왜곡보도 항의** : 한인 청년들이 건물 위에서 4·29사태를 한흑갈등으로 왜곡 보도하고 있는 미국 언론에 항의하고 있다.(1992년, 리스천 헤럴드 제공)

새로운 미래

2006년 1월 13일 미국 LA, 워싱턴, 뉴욕 등지에서는 제1회 미주 한인의날(Korean American Day) 첫 공식행사가 열렸다. 1903년 한국 이민자들이 사탕수수 노동이민으로 하와이 땅에 첫발을 들여놓은 날을 기념해, 미국 연방의회가 '1월 13일을 미주 한인의 날로 기념하자'는 결의안을 2005년 12월에 만장일치로 통과시킴에 따라 열리게 된 것이다.

이로써, 문화·예술·경제·과학·스포츠 등 미국사회의 발전에 기여한 한인들의 공로가 미국사회에서 인정되어, 한국인들은 소수계 중에서는 맨 처음으로 자신들의 이민자 사회를 대표하는 기념일을 갖게 되었다. 이는 한국인들이 미국 땅에 첫발을 들여놓은 뒤 '땀과 눈물'로 이루어진 103년 동안에 대한 미국사회의 평가이자, 한인사회로서는 '꿈과 희망'으로 채워질 새로운 미래를 향한 다짐의 자리이기도 했다.

앞으로 한인사회는 이민 1세대와 2세대들의 단합 등으로 미국사회에 뿌리를 좀 더 깊게 내리는 한편으로, 높아진 위상에 걸맞게 타 민족과의 유대 관계 형성 및 미국사회의 공동의 가치를 위해 최선을 다해야 하는 과제를 안고 있다.

한인사회의 지난 100년이 '땀과 눈물'로 채워진 '고난의 역사'였다면, 앞으로의 새로운 100년은 '꿈과 희망'으로 채워질 '영광의 미래'가 될 것이다.

1. **한국이민조상기념비** : 하와이의 힐로에서 가진 한국이민조상기념비 제막 기념식.(1998년경, Korea Times 소장 / 로베르타 장 제공)

2. **태극기 헌기식** : 미주 이민 100주년을 기념해 LA 시청 앞에서 크리스천 헤럴드와 한인회 주최로 열렸다.(2003년 8월 15일, 김준배 제공)

3. **뉴욕시의 한국의날 선포** : 뉴욕시의회는 구정을 맞아 미주 한인 이민 100주년 기념행사를 갖고 '한국의날'을 선포했다.(2003년, 민병용 제공)

2

3

1

2

3

4

5

1

1. **빅베어 산정 여름캠프의 리더들 :** 한인청
   소년후원회가 해마다 빅베어 산정에서
   여름캠프를 개최하고 있다.(1988년, 민병
   용 제공)

2. **LA 빅베어에서 여름캠프를 하고 있는
   캠프 코니퍼 청소년들.**(1981년, 크리스천 헤
   럴드 제공)

미국의 꿈과
습격의 악몽

● 손
 석
 춘

중견기자 시절의 몹시 길었던 밤이 떠오른다. 초조감에 사로잡혀 신문사 편집국을 서성이며 미국 현지에서 들어오는 외신에 촉수를 곤두세웠다. 미국과 태평양을 사이에 둔 한국에서 보낸 그날의 경험도 생생한 마당에, 실제 미국에 살고 있는 동포들에게 그 사건은 결코 잊을 수 없는 상흔일 성싶다.

1992년 4월 29일 밤. 미국 로스앤젤레스 LA에서 불거진 흑인들의 봉기는 '마른 광야'를 태우듯 들불처럼 번져갔다. 젊은 흑인 로드니 킹을 야만적으로 구타한 백인 경찰에 미국 법원이 언죽번죽 무죄평결을 내렸기 때문이다. 판결이 나온 날, 흑인들은 거리로 쏟아져 나왔다. 배심원 가운데 흑인은 한 사람도 없었다. 6일 동안 벌어진 흑인봉기에 주州 방위군 6,000명과 연방군 1,000명이 투입되었다. 50여 명이 사망했다. 2,300여 명이 다쳤다. 연행된 사람도 3,000명을 넘어섰다. 내전에 가까운 봉기였다.

언론은 흔히 'LA폭동'이라 부르지만 분명 '이유 있는 반항'이었다. 백인이 중심이 된 사회에서 차별을 받아온 흑인들의 분노가 한순간에 폭발했다. 흑인의 가구당 수입은 미국 평균치의 60%에 지나지 않는다. 실업률은 백인의 200%를 훌쩍 넘는다.

문제는 미국사회에 뿌리 깊은 흑백갈등이 터졌을 때, 불똥이 엉뚱하게 한인들로 튄 데 있다. 물론, 여기에는 '배경'이 있다. 봉기의 진원지인 흑인들의 거처 사우스 센트럴의 상권은 부지런한 한국 동포들의 손에 넘어가 있었다. 사우스 센트럴의 상권은 본디 부지런한 동포들이 땀으로 영근 열매였다. 다운타운 남쪽으로 80만 흑인이 모여 사는 그곳은 기실 대낮에도 지나가기에 은근히 오금이 저린 곳 아니던가. 하지만 바로 그곳에서 우리 동포들은 타고난 근면으로 마치 민들레처럼 가게를 늘려갔다.

흑인봉기의 불길은 그 '공든 탑'을 무너뜨렸다. 흑백갈등이 한흑갈등 양상으로 전개되면서 동포들의 분신과 다름없는 가게들이 줄을 이어 습격당했다. 사우스 센트럴 북쪽에 있는 코리아타운이 세 집에 한 집 꼴로 약탈당했다는 외신을 받아볼 때 앙가슴이 저려왔다. 비보는 꼬리를 물었다. 한인 가게 1,600곳이 습격당했다. 동포 한 명이 숨졌다. 46명이 부상했다.

동포들에게 지금도 악몽처럼 남아 있을 그날의 습격은 결코 흑인에만 책임이 있지 않았다. 미국 경찰은 흑인들의 봉기가 일어나자 백인들의 경호에만 적극 나섰다. 동포들의 가게는 경찰의 보호망에서 벗어나 있었다. 그래서였다. 한국 동포들은 자구책으로 총을 들고 가게를 지키지 않았던가. 어쩔 수 없는 정당방위로 총격전을 벌이는 상황까지 일어났다. 문제는 바로 그 특수한 상황을 미국의 신문과 방송이 집중 부각해 보도하면서 불거졌다. 흑인들은 총을 들고 자신들에게 쏘는 한인 가게에 분노했다. 흑백갈등에서 한흑갈등으로 사태의 본질이 바뀌는 조짐마저 나타났다.

동포들의 가게가 흑인들의 표적이 되면서 코리아타운은 어처구니없게도 그 북쪽의 백인 주택가로 불길이 번지지 않게 만든 방화벽 노릇을 했다. 상황이 전개되는 양상을 외신으로 지켜보던 필자는 같은 기자로서 미국의 기자들이 어떤 이유로 한흑갈등을 부추겼을까 짚어보았다. 처음부터 의도가 있었을까. 아니면 기자들 스스로 의식하지 못할 만큼 이미 미국의 기자들의 보도 틀frame은 백인 중심 체제로 굳어져 있는 걸까.

한 가지 분명한 사실은 미국 언론의 보도로 흑백갈등이 한흑갈등으로 이어졌고, 그 결과 백인들이 받아야 할 피해를 상당 부분 한인 동포들이 떠안은 사실이다.

우리 동포들의 미국 이민사가 주마등처럼 스쳐간 것도 바로 그 순간이었다. 찬찬히

톺아볼 일이다. 우리 동포들이 미국으로 간 첫 이민의 배경에는 이미 미국사회 안에서 일고 있는 인종갈등을 해소하기 위한 노림수가 깔려 있었다.

동포들이 미국으로 이민 가기 전에 그곳 사탕수수 농장에는 중국과 일본의 이민자들이 일하고 있었다. 1852년에 2만 명이 넘는 중국인들이 미국의 농장과 광산에 취업했을 때, 하루에 12시간을 노동해야 했다. 인종차별도 심했다. 하와이 중국 노동자들이 중국인연합회를 조직한 까닭이다. 투표권도 없었던 중국 이민자들은 되레 달마다 '치안유지세'를 물어야 했다. 그러면서도 백인과 법정투쟁이 있을 때 법정진술권조차 없었다. 1880년대 들어서면서 10만에 이르는 중국 이민자들과 백인 사이에 갈등이 높아간 것은 필연이었다.

백인들이 중국 이민자들의 '견제' 또는 통제 수단으로 적극 활용한 사람들이 그 무렵 건너온 일본 이민자들이다. 1885년부터 1894년까지 3만여 명이 하와이에 도착했다. 하지만 그들도 곧 중국인이 당해야 했던 차별에 부딪치면서 조직화에 나섰다. 멕시코 노동자들과 연합동맹으로 맞서기도 했다.

"국제적인 경험이 없는 순진한 어린이 같은 사람들"과 "가난한 나라에서 너무 힘들게 살다 보니 값싼 임금에도 만족하고 좋아하는 사람들"이 미국 무대에 등장한 것이 그때였다. 따옴표 안의 표현들은 당시 백인 고용주와 이민 알선업자들이 주고받은 편지에 적힌 말이다. 누구를 이르는 걸까. 그랬다. 우리 동포들이었다.

1903년 101명의 한인들이 인천항을 떠나 미국으로 건너왔다. 기록에 따르면, 중국인 이민자들이나 일본인 이민자들과는 달리 한국인(조선인)들은 국제사회의 물정을 몰라 값싼 임금에도 만족하는 순진한 사람들이었다.

순진한 동포 1세대를 미국이 어떻게 대했을까는 새삼 언급할 필요가 없을 터이다. 저들이 동포들을 순진하다고 생각할수록, 차별의 강도는 높아갔다. 어린이 같다고 판단할수록, 권위주의적이고 억압적인 노동을 강요했다. 값싼 임금에도 만족한다고 여길수록 착취는 더 심해졌을 게 자명하지 않은가.

그 시절 한 백인 고용주의 '증언'은 콧잔등을 시큰하게 한다.

"한국 노동자들은 일하고 나면 자신들끼리 모여 담배를 피우며 잡담을 하는 것이 일상적인 생활이었다."

그 잡담이 무엇이었을까를, 담배를 피우던 그 가슴에 니코틴처럼 퍼져가던 검은 절망

"국제적인 경험이 없는 순진한 어린이 같은 사람들"과 "가난한 나라에서 너무 힘들게 살다 보니 값싼 임금에도 만족하고 좋아하는 사람들"이 미국 무대에 등장한 것이 그때였다. 누구를 이르는 걸까. 그랬다. 우리 동포들이었다.

이 무엇이었는가를, 지금 온새미로 알 수는 없다. 하지만 우리 모두 충분히 짐작할 수 있지 않은가.

동포들은 그 모든 차별과 착취를 이겨냈다. 미국사회에 뿌리를 내려갔다. 특유의 교육열로 자녀들을 가르쳤다. 경제적 기반을 다져가면서 한인사회의 기틀도 만들어갔다. 마침내 미국에 이주한 동포들은 1919년 국내에서 3·1봉기가 퍼져갈 때 1만 달러를 모금해 보내기도 했다. 쌈짓돈으로만 모은 게 아니었다. 차별받았던 겨레의 한숨과 피땀으로 모은 독립운동 자금이었다.

한국인들의 두 번째 집단 이민은 한국전쟁이 일어난 1950년에서 시작해 1964년 미국 이민법이 개정되기 전까지다. 전쟁으로 부모를 잃은 아이들이 그 시기에 5,000명이나 미국 가정에 입양되었다. 미국 병사들과 결혼한 한인 여성들도 그 시기에 6,000여 명이나 미국으로 건너왔다.

세 번째 집단 이민은 미국사회에서 종래의 인종차별적이던 이민법이 개정되면서였다. 아시아, 라틴아메리카, 아프리카로부터 이민이 가파르게 치솟던 1960년대 후반부터, 한국의 이민자들도 급증했다. 이 시기 이민자들은 초기 이민이나 한국전쟁 중 집단 이민자들과는 확연히 달랐다. 한국사회에서 정치적 · 경제적으로 안정된 중산층이 다수였다.

1970년대에 많은 동포들이 조국을 꼭뒤 누르고 있던 독재정권이 싫어 이민을 선택했다. 유신체제의 폭압을 벗어나 민주주의의 나라를 꿈꾸었다. 하지만 '미국의 꿈'은 결코 만만하지 않았다. 중산층이던 그들이 한국에서 경험하지 못한 장벽이 곳곳에 존재했다. 백인 중심의 중상류 사회로 진입하는 일은 '좁은 문'이었다.

그래서였다. 쉽게 선택할 수 있는 일이 흑인 거주지에서 연 가게였다. 위험 부담이 있었지만 세탁소 · 식당 · 슈퍼마켓들은 큰 어려움 없이 운영할 수 있었다. 타고난 부지런함이 무기였다. 그 시기 국내 언론에는 흑인들은 "게으르고 가난한 사람들"이라는 보도가 한인들의 근면과 대비되어 나타나기도 했다.

그렇다면 흑인들은 우리 동포들을 어떻게 보았을까. 가난한 자신들의 지역에 들어와 영업하고 돈을 벌면서도 자신의 동네에는 살지 않는 한인들, 더구나 은근히 흑인과 백인을 차별하는 모습은 한인들에 대한 적대감을 불러일으키지 않았을까. 무엇보다 쉽게 현금을 강탈할 수 있는 가게를 털러 들어오는 사람들 앞에서 한인 동포들은 속수무책일 수밖에 없

그렇다면 흑인들은 우리 동포들을 어떻게 보았을까. 가난한 자신들의 지역에 들어와 영업하고 돈을 벌면서도 자신의 동네에는 살지 않는 한인들, 더구나 은근히 흑인과 백인을 차별하는 모습은 한인들에 대한 적대감을 불러일으키지 않았을까.

었다. 가게에 들어오는 강도가 사회구조적으로 흑인이 많을 수밖에 없었기에, 한인들이 흑인들을 바라보는 시선에서 경계감이 묻어나올 수밖에 없었던 것도 사실이다.

그래서다. 1992년의 LA 흑인봉기 과정에서 한흑갈등이 불거진 데는 이미 분석한 것처럼 미국 언론의 책임이 크다. 하지만 결코 그것만이 원인은 아니었다. 한인 동포들을 바라보는 흑인들의 불만이 차곡차곡 쌓여가고 있었던 것도 분명 한 원인이다.

여기서 반드시 기억해 둘 역사가 있다. 미국에 사는 우리 동포들은 1960년대 후반부터 당당하게 미국시민권을 누리고 있다. 하지만 그 시민권은 미국에서 그저 얻어진 게 아니다. 인종차별 없이 평등한 권리와 투표권을 부여하는 미국의 인권법안이 통과되기까지 흑인들의 줄기찬 투쟁이 자리하고 있다. 킹 목사와 맬컴 엑스로 상징되는 흑인 인권운동가들은 자신들의 삶을 아낌없이 그 제단에 바쳤다.

1965년에 유색인이 합법적 절차를 통해 미국에 입국할 수 있는 이민법안이 국회에서 통과된 것도 흑인들의 붉은 피무덤들이 있었기에 가능했다. 한국의 중산층이 쉽게 미국으로 이민을 결정할 만큼 미국사회의 똘레랑스가 상대적으로 넓어진 것도 바로 그 투쟁 때문이었다.

인종차별 없는 민주주의를 실현하려는 미국 안의 운동은 아직 마침표를 찍지 않았다. 지금도 진행형이다. 그래서다. 다음과 같은 분석을 접할 때면, 하릴없이 가슴을 쓸어내린다. 가령 미국사회 곳곳에 사는 흑인들이 워싱턴 D.C.로 모여 차별해소를 주장하며 대규모 집회를 열 때, 한인들은 가게 문을 열었다고 한다. 한인들과 같은 지역에서 가게를 하는 흑인들도 집회 참석을 위해 경제적 손실을 감수하며 문을 닫았다. 흑인들의 정치적 참여로 넓어진 혜택은 같은 유색인인 한인들도 고스란히 받았다.

그렇다. 흑인의 눈으로 우리를 돌아볼 여유를 이제 가질 때가 되었다. 흑인들에게 한인은 무엇일까를 냉철하게 성찰해야 옳다. 미국 언론이 흑백갈등을 한흑갈등으로 바꾸는 데 중요한 구실을 했듯이, 흑인들 또한 미국 언론의 피해자로 살아왔다. 텔레비전에 나타나는 백인 중심의 화려한 사회와 대조적으로 흑인들은 자주 '악마적 형상'으로 그려졌다.

물론, LA 흑인봉기를 거치면서 원천적인 갈등 해소에 적극 나서는 동포들이 곰비임비 늘어나고 있는 사실은 좋은 소식이다. 한국인의 긍지를 느끼게 된다. 하지만 지나친 낙관은

상처에서 얻은 교훈은 잊지 말아야 옳다. 미국의 민권운동가 마이크 데이비스의 표현을 빌리면, 우리 동포들이 "미국의 꿈에 갇힌 사람들"이 될 수는 없다. 그 꿈에 갇혀 있을 때, 습격의 악몽은 또다시 현실이 될 수 있기 때문이다.

금물이다. 문제가 더 꼬여가는 대목도 있기 때문이다. 한흑갈등에 더해 2000년에 들어서면서 히스패닉과 갈등 사례가 잦아지고 있다.

라틴아메리카의 히스패닉 이민자들이 급격히 늘어나면서 한인들과의 갈등은 앞으로 더 커질 전망이다. 히스패닉 이민자들이 우리 동포들의 가게와 세탁소·식당·슈퍼마켓들에 보조요원으로 취업하는 사례가 늘어나고 있기 때문이다. 영어를 잘 못하는 히스패닉 이민자들을 고용주인 우리 동포들이 우습게 여길 때, 갈등은 필연일 수밖에 없다. 이미 조직을 결성해 가고 있는 히스패닉들이 한인들의 노동착취를 공론화하고 있는 사례도 늘어나고 있지 않은가.

고백하거니와 미국의 꿈을 이루려는 동포들의 교육열과 부지런한 삶에 새삼 경의를 표한다. 자녀들을 백인 중심 사회로 진출시키기 위해 온몸이 부서져라 최선을 다하는 동포들의 모습도 선하다. 그 풍경은 고스란히 한국 사회의 내면이기에 더 그렇다. LA의 상처를 딛고 사우스 센트럴로 다시 들어가고 있는 동포들의 모습에선 불굴의 투지마저 읽힌다.

다만 상처에서 얻은 교훈은 잊지 말아야 옳다. 미국의 민권운동가 마이크 데이비스Mike Davis의 표현을 빌리면, 우리 동포들이 "미국의 꿈에 갇힌 사람들Prisoners of the American Dream"이 될 수는 없다. 그 꿈에 갇혀 있을 때, 습격의 악몽은 또다시 현실이 될 수 있기 때문이다.

손석춘

1960년에 태어나 연세대 철학과와 고려대 정책과학대학원을 졸업했다. 언론개혁시민연대 공동대표를 지냈으며, 《한겨레》 기획위원 및 연세대 신문방송학과 겸임교수로 있으면서 '새로운 사회를 여는 연구원(새사연)' 원장으로 일하고 있다. 언론비평서·칼럼집 《신문 읽기의 혁명》, 《언론 개혁의 무기》, 《한국 언론운동의 논리》, 《여론 읽기 혁명》, 《부자 신문 가난한 독자》, 《R통신: 젊은 벗들에게 띄우는 손석춘의 러브레터》, 《한국 공론장의 구조변동》, 《과격하고 서툰 사랑 고백》, 《어느 저널리스트의 죽음: 한국 공론장의 위기와 전망》, 장편소설 《아름다운 집》, 《유령의 사랑》, 《마흔아홉 통의 편지》 3부작 등이 있다.

미주 한인 100년사 연표

* 연도에 월 일 표시가 없는 부분은 해당 연도에 발생한 사항이다.

1882년	5월	22일	조미수호통상조약 체결
1883년	9월	2일	최초의 미국 시찰단 보빙사절단(단장 민영익), 샌프란시스코 도착
1885년	6월		서재필, 서광범, 박영희 미국에 망명
1886년	11월	2일	미국 국무부, 한인 이민 허가 조치 (조미수호통상조약)
1890년			미국 연방정부 인구조사, 한인 98명으로 추정
1891년			엘리스 아일랜드(Ellis Island)에서 이민업무 시작
			서재필, 컬럼비아대 의학부 졸업. 한인 최초 의학사(1893년 의사면허 취득)
1893년	5월	1일	대한제국, 시카고 세계박람회에 최초로 참가
1897년	8월	27일	하와이 이민위원회, 한인 이민노동계약 유입안 거부
1898년			미국, 하와이 병합
1901년	1월	9일	상인 유두표(피터 유), 이민국 최초 한인 이민자로 등록
1902년	5월	9일	미국인 데슬러, 한인 이민 모집을 위해 조선에 입국.
	6월	30일	한인 12명, 하와이 입국
	8월	20일	최초의 해외 인력업무 담당 기관 수민원 설치
	10월	14일	도산 안창호 부부, 유학차 샌프란시스코 도착
	12월	22일	하와이 사탕수수 농장 이민자 121명, 인천(당시 제물포)에서 출발
1903년	1월	13일	첫 한인 이민자 101명(어떤 자료는 102명), 하와이 호놀룰루 도착
	8월	7일	하와이 호놀룰루에서 신민회 조직(홍승하, 윤병구, 문홍식 박윤섭, 임치성, 안정수 등 발기)
1904년	11월	29일	이승만, 시베리아 선편으로 하와이 호놀룰루 도착
1905년	4월	4일	멕시코 이민 1,033명, 인천(당시 제물포) 출발
	4월	5일	샌프란시스코 한인들, 공립협회 창립(회장 도산 안창호)
	5월	15일	멕시코 한인 이민자, 멕시코 유카탄반도의 메리다 지방 도착
1906년	2월	6일	조미수호통상조약 체결 후 워싱턴에 설치한 한국공사관 철폐
	6월	29일	조선 정부, 이민보호법 공포
1908년	3월	23일	장인환·전명운 의사, 샌프란시스코에서 대한제국 외교고문 스티븐스 저격
	5월	23일	샌프란시스코에서 김밀리사 주도로 한국부인회 결성
1909년	2월	1일	하와이의 한인합성협회와 샌프란시스코의 대한인공립협회가 통합해 국민가 조직(1910년 대동보국회 흡수 뒤 대한인국민회로 재조직)
1910년	1월	31일	콜로라도 프리메로 탄광 폭발(한인 9명 사망)
	3월	7일	미주 동포들, 안중근 의사 변호 비용으로 1,500달러 블라디보스토크로 송금
	11월	28일	사진신부 제1호 최사라, 하와이 호놀룰루에 도착(하와이 국민회장 이내수와 결혼)
1911년	1월		하와이 국민회 총회, 멕시코 한인 하와이 이주 위한 재정 마련
	10월	14일	캘리포니아주 클레어몬트 한인학생양성소 낙성식 거행
1913년	5월	13일	안창호, 샌프란시스코에서 흥사단 창립
1913년	5월	19일	캘리포니아 주의회 동양인 토지소유권 금지 법안 통과
1914년	7월	29일	이승만, 하와이 호놀룰루에 한인여자학원 설립
1915년	2월		로스앤젤레스 한인 권업동맹단 루이지애나 뉴올리언스항 부근에 농토 200에이커 구입
1916년	2월	22일	캘리포니아 맨티카 지방에 한인 60명이 사탕무 농장 개간

	9월 28일	김종림 등 12명, 캘리포니아에서 벼농사 시작
1917년	4월 26일	김종림, 2,085에이커 쌀농사로 '벼농사의 왕 (Rice King)' 으로 불림
1918년	12월 23일	이승만 · 정한경 · 민찬호, 파리강화회의 한인 대표로 선정(미국 정부의 출국거부로 회의 참석 실패)
1919년	7월 17일	이승만, 워싱턴에 대한공화국 임시공사관 설치
	9월	상하이 임시정부 의정원, 이승만을 대한민국 임시 대통령에 선출
1920년	4월 6일	샌프란시스코 한인 유학생총회 결성
1921년	3월 11일	멕시코 한인 288명, 쿠바 맛나치에 도착. 쿠바 이민 시작
1922년	1월 19일	국민회, 멕시코와 쿠바 이민자들에게 구호 활동 시작
1924년	5월 15일	미 의회에서 신이민법 통과. 아시아인의 이민 금지
1925년	4월	하와이에서 2세 중심의 상업 교류와 사교를 위한 조미구락부 조직
	5월 9일	로스앤젤레스 한인들, 본국의 수재에 구호금 1,400달러 전달
1928년	2월 12일	박인덕 · 김마리아, 뉴욕에서 여성운동 단체 근화회 결성
1931년	11월 9일	중가주 공동회 중심, 미주한인연합회 조직
1932년	4월 29일	윤봉길 의사, 상하이 훙커우 공원에서 일본군 수뇌부 폭살
1936년	3월 26일	안익태, 필라델피아에서 애국가 작곡 발표
1937년	3월 10일	하와이 호놀룰루에서 한인 기독학생운동 시작
1940년	6월 22일	미국 연방회의, 외국인등록법안 통과
1942년	8월 29일	한족연합회 주도로 로스엔젤레스 시청에서 32년 만에 태극기 현기식 거행. '미국의 소리(VOA)' 에서 첫 한국어 방송(담당 아나운서 황재경, 김성덕)
1943년	8월 30일	하와이 한인들, 한미 승전 후원금 2만 6,000 달러 루스벨트 미국 대통령에게 전달
1944년	11월 3일	미합중국 체신청, 태극기 기념우표 발행(한길수 제안, 가격 5센트)
1945년	8월 15일	일본의 항복으로 한국 해방

1946년	2월 17일	하와이 한인 대표단 귀국(김원용, 도진호, 안정송, 박금우, 최두옥, 조제언, 안창호, 정두옥)
1948년	7월 20일	대한민국 국회, 이승만을 초대 대한민국 대통령으로 선출
1949년	6월 14일	샌프란시스코영사관 개설(주영한 임명)
1952년	12월 24일	'매캐런-월터 이민법' 발효. 아시아계 이민자들, 미국 영주권 및 시민권 취득 가능
1957년	6월 13일	하와이 주지사, 한인 2세 허버트 최 검찰총장에 임명
1959년	3월	《재미한인 50년사》발행(김원용 저)
1960년	5월 29일	이승만 대통령 4 · 19의거로 하와이 망명
1962년	3월 9일	한국 정부, 해외이주법 제정(법률 제1030호)
1963년	2월 20일	로스앤젤레스에 한인센터 회관 건립
1964년	11월 26일	로스앤젤레스에서 한인예술가협회 창립
1965년	7월 12일	로스앤젤레스에서 한인 라디오 방송 전파. KTYM을 통해 방송
	10월 3일	미국 존슨 대통령, 새 이민법 '하트-셀러법' 공포
	10월 26일	피아니스트 한동일, 카네기홀 국제음악 경연대회 1등
1968년	7월 1일	새 이민법 '하트-셀러법' 발효. 한인 가족 미국 이민 대거 실시
1969년	8월 18일	워싱턴에서 박정희 정권의 3선개헌 반대투쟁위 데모
11971년	4월 26일	대한항공의 첫 화물기, 로스앤젤레스 도착
1972년	5월 13일	무궁화학원 개강 (2세 한인들을 위한 한국어 교육 실시)
1973년	5월 18일	샌프란시스코에서 김대중 시국강연회
	7월 26일	김대중, 한국민주회복통일촉진국민회의 조직
1974년	1월 31일	로스앤젤레스 한인상가 30여 개로 팽창. 코리아타운으로 발전
	2월 26일	로스앤젤레스에서 교포문제연구회 창립
	11월 3일	로스앤젤레스에서 제1회 코리안퍼레이드 행진
1975년	4월 21일	로스앤젤레스 코리아타운번영회, '코리아타운' 안내판 설치
	5월 16일	하와이 한인 2세 허버트 최, 연방 제9항소법원 판사로 임명

5월 30일 조국민주회복국민회의, 로스앤젤레스 총영사
관 앞에서 한국의 정치탄압 반대 데모

10월 9일 전 미주 민주운동단체, 정오를 기해 김지하
석방 요구 시위

1976년 2월 10일 로스앤젤레스에서 재미한인무역협회 발족

1977년 10월 22일 조국민주회복국민회의, 뉴욕 본부와 백악관
앞에서 한국의 민주화 시위

1978년 12월 7일 필라델피아 교포상인과 흑인 갈등 해소를 위
한 첫 모임

1979년 10월 26일 박정희 대통령 암살. 조국민주회복국민회의,
코리아타운에서 한국 민주화 시위

1980년 5월 20일 조국민주회복국민회의, 5·18광주민주화운동
지지 데모

10월 4일 남가주 국민회의, 김대중 구명궐기대회

1981년 1월 23일 전두환 대통령 방미규탄 총궐기 대회

1982년 5월 2일 한미수교 100주년 기념학술대회

1983년 4월 3일 미주한국방송(KTE) 창사

1983년 7월 5일 김대중, 한인인권문제연구소 창설

1984년 12월 13일 뉴욕에서 제1차 해외한민족회의 개최

1985년 4월 13일 뉴욕 교포은행 브로드웨이와 엠파이어 스테이
트 은행 합병

1986년 2월 10일 조국통일 북미주협회 결성

4월 8일 뉴욕, 시카고 한인사회 개헌 서명 운동

1987년 1월 30일 민주통일운동 탄압저지대책위원회, 로스앤젤
레스에서 박종철 추모식 및 고문정권 규탄궐
기 대회

1989년 3월 18일 로스앤젤레스 한인상공회의소 미주동포실업
인 14명 평양 방문

8월 2일 미국 정부, 재미동포의 고향방문 등 인도적
차원의 단체방북 허용

1990년 2월 13일 범민족해외동포대회, 백두산 천지에서 조국통
일대행진 발대식

1991년 10월 2일 로스앤젤레스 시회의, 국민회관을 시문화유적
지 548호로 지정

1992년 4월 29일 로스앤젤레스 4·29사태 발생

5월 2일 로스앤젤레스 코리아타운에서 평화대행진
(10만 명 참여)

11월 4일 한인 1세, 미국 정계 진출
(김창준 연방 하원의원 당선, 임용근 오레곤주
상원의원 당선, 신호범 워싱턴주 하원의원 당
선, 재키 영 하와이주 하원의원 당선, 정호영
가든그로브 시의원 당선)

1993년 12월 15일 초기 미주 이민 화보집 《그들의 발자취(Their
Footsteps)》 발간(하와이 한인 이민 90주년
기념사업회)

1996년 1월 한인회 및 한국인권문제연구소 주도로 이중
국적 허용 서명운동 전개

2월 7일 식량난이 심각한 북한 주민을 위한 '생명의
쌀 보내기' 운동 개시

1997년 5월 18일 우리민족 서로돕기운동 로스앤젤레스 대표단,
북한에 옥수수 1,000톤 전달

1998년 4월 21일 로스앤젤레스 '깡통장학금' 이주영 할머니(87
세), 전 재산 10억 달러 상당의 토지를 한국
불우청소년 장학기금으로 기부

1999년 12월 3일 한국 정부, 재외동포의 출입국과 법적 지위에
관한 법률(재외동포법) 시행

12월 15일 비디오 아티스트 백남준, 뉴욕 스페이스월드
에서 '새천년의 충격' 전시회

2000년 12월 4일 한인 2세 해리 김, 하와이 시장 취임

2001년 10월 11일 로스앤젤레스에서 한민족 경제공동체 대회

2002년 2월 25일 미국 내 한국 유학생 45,685명
(미국교육연구소 집계)

3월 4일 2000년 미주 한인 인구 123만 명
(미국 센서스국 집계)

9월 21일 미주 이민 100주년기념 제1회 애국선열 추모
제 거행

12월 5일 '미주 한인 이민 100년사' 《아메리칸 드림을
찾아서》 출판기념회

2003년 1월 13일 하와이 호놀룰루에서 미주 한인이민 100주년
기념식 거행

2006년 1월 13일 제1회 '미주 한인의날(Korean American
Day)' 첫 공식행사(LA, 워싱턴, 뉴욕 등)

도움 주신 분들

로베르타 장
민병용
이덕희
이선주
미주한국일보
미주크리스천헤럴드
독립기념관
동아일보 사진부 강병기 기자

참고자료

《그들의 발자취》, 하와이 한인이민90주년 기념사업위원회 편, 1993
《사진으로 보는 미주 한인이민 100년사 1903~2003》, 미주 한인이민 100주년 기념사업회(남가주),
　　한국일보 미주본사 편, 2004
《태평양을 가로지른 무지개》, 북미주한인이민100주년 기념화보 편찬위원회 편, 크리스천 헤럴드,
　　2006
《KOREA–USA CENTENNIAL 1882–1982》, YONHAP NEWS AGENCY, 1982
《The Koreans in Hawaii》, Roberta Chang, University of Hawaii Press, 2003

미주 한인 이민사 100년의 사진기록

100년을 울린 겔릭호의 고동소리

기획 재외동포재단

글 성석제 · 손석춘 · 오정희 · 은희경
책임편집 기춘 · 정지영 · 김수기 · 안해룡

펴낸곳 현실문화연구
펴낸이 김수기

편집 좌세훈 · 허경희 · 이시우
디자인 권 경 · 강수돌
마케팅 오주형
제작 이명혜

첫 번째 찍은 날 2007년 2월 28일
등록번호 제22-1533호
등록일자 1999년 4월 23일
주소 서울시 서대문구 충정로 2가 190-11 반석빌딩 4층
전화 02)393-1125
팩스 02)393-1128
전자우편 hyunsilbook@paran.com

값 28,000원
ISBN 978-89-92214-11-7 03900

이 도서의 국립중앙도서관 출판시도서목록(CIP)은 e-CIP 홈페이지
(http://www.nl.go.kr/cip.php)에서 이용하실 수 있습니다. (CIP제어번호:
CIP2007000361)